DOMINA C

INICIACIÓN

Domina C

Tabla de Contenidos

Tabla de Ilustraciones

1 OBJETIVO

El objetivo de este trabajo es introducir a una persona en la programación de ordenadores a través del lenguaje C. El nivel que se le presupone al lector es el de un usuario de ordenador que sabe conectarlo a la red eléctrica y ponerlo en marcha, instalar algún programa, saber localizar un archivo o fichero en el disco duro y poco más.

En definitiva, no es necesario que sepa nada de programación en ningún otro lenguaje. Incluso es preferible que esto sea así para evitar algunos vicios que se pueden adquirir.

Junto con estos requisitos del lector, se pretende que a partir de lo que aquí se explica este sea capaz de dominar el lenguaje C en su uso práctico; teniendo la base suficiente para iniciar estudios más profundos en el propio lenguaje C, y ampliarlos al lenguaje C++, de programación orientada a objetos y estructuras mas complejas que se tratan en otros libros de más nivel.

Esta orientado, pues, a personas que se inician en la programación y desean obtener una firme base (de tipo práctica y conceptual) desde la que partir. La exposición de los conceptos y elementos se ha intentado que sea clara y concisa. No se requiere, como se ha dicho antes, experiencia previa en otros lenguajes de programación ni tampoco nos interesaremos aquí por temas hardware.

Es relativamente frecuente encontrarse con personas que se interesan por la programación en este lenguaje pero que expresan su frustración considerándolo muy complejo y habiendo recorrido un buen número de publicaciones intentando hallar alguna que les "revelara" como aprenderlo.

Hay que hacer, por tanto, una justificación en cuanto a la pregunta que se presenta de forma inmediata al ver la temática de este trabajo: ¿Otro libro de programación en C? ¡Con los que ya hay por ahí!. Pues sí. Efectivamente hay muchos libros de este tema. Y también tenemos esa realidad expresada anteriormente de la dificultad que tienen los interesados en aprender de forma satisfactoria los intríngulis de este lenguaje.

Por eso se ha pensado en realizar este libro con un enfoque eminentemente didáctico – práctico y que partiendo de cero consiga transmitir a cualquier persona la posibilidad de entender los conceptos fundamentales de este lenguaje y que le sirva de base para ser un buen programador, tanto en este como en cualquier otro lenguaje informático.

Se pretende por tanto no caer en los mismos modelos de otros libros académicos que al final solo consiguen desanimar y embarullar a muchos. Así en los puntos de la exposición, esta se realiza en términos muy simples que pueden rallar la imprecisión, pero sin caer en el error. Doy por bien empleada esta leve imprecisión en conceptos accesorios, si se consigue posteriormente a través de la práctica el fijarlos y así centrarnos en el aprendizaje efectivo del lenguaje C y su filosofía, que es el objetivo.

No se pretende dar una explicación exhaustiva del lenguaje ni ser enciclopédico. En este nivel de iniciación se pretende aprender a poder realizar un pequeño programa en C. Son pues estas páginas algo más que unos apuntes sin llegar a ser un compendio académico del lenguaje y técnicas de programación en C. Está orientado a la enseñanza introductoria al lenguaje.

Se deja para otras obras la profundización en el desarrollo de proyectos en este lenguaje, así como técnicas y desarrollo de determinados algoritmos.

Espero que cualquier estudiante que se acerque al lenguaje a través de este libro se sienta motivado para estudiar mas en profundidad este lenguaje y otros, así como los modernos entornos de desarrollo comerciales que tantas satisfacciones pueden proporcionar; creando o participando en la construcción de las modernas catedrales que son los proyectos software de siglo XXI.

2 ORDENADOR

Para realizar los programas debemos tener algunas nociones de la estructura interna de las máquinas que van a ejecutar nuestros programas, para entender así como funcionan nuestros programas dentro de esas máquinas. En el caso del lenguaje C aún con más razón, ya que el empleo de lo que luego veremos se denomina puntero está muy relacionado con esta estructura interna.

El ordenador consiste, en una primera y simple aproximación, en varios dispositivos conectados entre sí. Uno de ellos es una *pantalla* (o dispositivo de salida, otro ejemplo también es un teclado de lectura Braille) donde se nos presentan datos de salida. Estos datos se presentan en forma de gráficos, letras, dibujos, etc. Con esta pantalla obtenemos información de lo que la máquina esta ejecutando y de la información que posee o le es transmitida y quiere devolver. Es por tanto un dispositivo de salida de datos o simplemente un dispositivo de salida. Otro dispositivo de salida puede ser una *impresora*.

Por otra parte tenemos el *teclado*. Con él realizamos la introducción de los datos en el ordenador. Normalmente tenemos un "eco" de estos datos que introducimos en la pantalla. Por ejemplo, si estamos escribiendo una carta en un editor de texto, y pulsamos la tecla "A", se presenta en la pantalla esta letra, como confirmación por parte del ordenador de que este dato le ha sido introducido por el teclado y lo ha interpretado, presentando el "eco" de la entrada por la salida: por la *pantalla*. Por esto al teclado se le denomina como *dispositivo de entrada*. También es un dispositivo de entrada el *ratón*, que va cambiando de posición un *cursor* cuyo eco (el puntero) se presenta en la pantalla.

Ahora, vamos a considerar la *unidad central*, que contiene todos los dispositivos necesarios para el funcionamiento del ordenador, donde se conectan los dispositivos de salida y entrada. Hay que tener en cuenta que algunos de estos dispositivos de entrada y salida pueden incluso estar embebidos en esta unidad central.

En la unidad central se encuentran los principales componentes de la máquina, que vamos a tratar esquemáticamente. Tan sólo lo suficiente para poder iniciar nuestro estudio del lenguaje. Como uno de los componentes principales del ordenador tenemos el *procesador*.

El *procesador* es un "chip" o circuito integrado, altamente sofisticado que se encarga de ejecutar las instrucciones de los programas. La tarea principal del *procesador* es leer las instrucciones de los programas, tomar los datos que estos programas le indiquen, operarlos y el resultado dejarlo en el lugar que el programa le diga. De esta forma podríamos crear un programa que tomara dos números, los sumara y su resultado lo presentara por *pantalla*. El encargado de realizar estas operaciones es el *procesador*.

La *memoria* es el componente que contiene la información. Esta información pueden ser bien las *instrucciones* de los programas, o bien los *datos* propiamente dichos que los programas manipulan. El *procesador* tiene los mecanismos necesarios para distinguir cuando una *posición de memoria* contiene información que es parte de una *instrucción* de programa o bien un *valor de dato* para manipular con el programa. La *memoria* guarda los datos y es permanente en tanto el ordenador tiene alimentación proveniente de la corriente eléctrica. Si el ordenador se desconecta de esta, su contenido se pierde y hay que volver a llenarla. Sus datos han de ser guardados antes de que esto ocurra.

En la *memoria* se guardan cadenas de unos y ceros lógicos. Un uno o cero lógico corresponde físicamente a una zona de material físico con una determinada propiedad electromagnética o sin ella respectivamente. Si la tiene está en estado uno lógico y si no la tiene en estado cero lógico (criterio de lógica positiva, alrevés en caso de usar lógica negativa). El ordenador tiene los mecanismos para acceder a cada una de estas zonas y averiguar el estado electromagnético de esta zona y por tanto identificar si hay un uno o un cero. De esta forma podríamos considerar la *memoria* como una larga ristra de casillas donde se puede poner un uno o un cero (lógicos).

Cada casilla se denomina *BIT*. Estos *bits* se agrupan de ocho en ocho, llamando a cada una de estas agrupaciones *byte*. De esta forma la memoria de un ordenador se mide con el número de *bytes* que posee.

Se puede establecer una correspondencia entre cada combinación de unos y ceros que forman un *byte* y un código convenido, de forma que cada uno de las 256 combinaciones posibles de un *byte* se asocie a un significado, un *símbolo*. De esta forma se llega a varios códigos, uno de los cuales es el denominado *código ASCII*.

Un *byte* o posición de memoria puede representar diferentes cosas. Así puede representar su símbolo asociado de *código ASCII*. También puede representar un valor numérico correspondiente a su valor binario. Puede representar una instrucción o parte de una instrucción para el procesador, etc. El ordenador tiene mecanismos para distinguir cual es el contexto adecuado para interpretar cada *byte*.

Por otra parte hay zonas de *memoria* cuyo uso esta reservado para fines especiales, como pueden ser los *puertos de entrada y salida*. Con ellos se envían o reciben datos hacia o desde *dispositivos de entrada / salida*. Por ejemplo hay una zona de la *memoria* donde si se pone un *byte* cuyo *código ASCII* corresponde al símbolo de la letra A, el ordenador tiene mecanismos para leer esta posición de *memoria* y presentar en la *pantalla* allá donde corresponda una letra A. En este caso el mecanismo es una *tarjeta* o *placa*, denominada *gráfica*, que lee datos de esa parte especial de la *memoria*, los interpreta y genera la señal necesaria para presentar la información en la *pantalla*. En este caso la *tarjeta gráfica* ha leído de su *puerto* de entrada el dato dejado por el *procesador* en ese puerto, que para el *procesador* es de salida. Este puerto no es más que una zona de *memoria compartida* (compartida por el *procesador* y la *tarjeta gráfica*). Los *puertos* se denominan de entrada o salida siempre desde el punto de vista del *procesador*. En el ejemplo anterior, el *puerto* es de salida ya que es el *procesador* el que envía el dato.

El *disco duro* es otro dispositivo del ordenador empleado para guardar la información, tanto los datos que se manipulan y los resultados, como los programas que se ejecutan. Este dispositivo es necesario ya que todos los datos y programas que se ejecutan y están en *memoria* desaparecen al desconectar de la corriente eléctrica el ordenador. Así, todo lo que se quiera que se guarde de forma permanente ha de hacerse en el *disco duro* o en cualquier otro *dispositivo de almacenamiento permanente*. En el *disco duro* se guardan los datos de forma ordenada y los criterios para realizar esta ordenación dependen del *sistema operativo* del ordenador. En general se suelen guardar por separado lo que son los *archivos de datos* de lo que son *archivos de programas*. De forma análoga a la *memoria*, el *disco duro* está formado por unas zonas de material con propiedades electromagnéticas que se pueden encontrar en un estado u otro, indicando con ello un uno lógico o un cero lógico. Se llaman igualmente *BIT*. La agrupación de estos unos y ceros forma los *bytes* y la agrupación de *bytes* forma el conjunto de archivos, ficheros y estructura del *disco duro*.

Visto esto, un programa de ordenador se guarda en una zona del *disco duro*. En otra zona del *disco duro* se pueden guardar también datos que ese programa vaya a usar. A estas zonas se le da nombre y éstos son los archivos y ficheros.

Una vez encendido el ordenador el procesador carga del *disco duro* el *sistema operativo* y a través de él podemos pedir la ejecución de nuestro programa. El *sistema operativo* está constituido por un conjunto de programas que nos permiten acceder a los recursos del ordenador y la ejecución de nuestros programas. Es el intermediario entre nosotros (o nuestros programas) y los servicios que nos presta la máquina.

Una copia de nuestro programa al ejecutarse se pasa a la *memoria* y entonces el *procesador* empieza por el principio de él (la primera instrucción) a ejecutar las instrucciones. Cuando se pide cargar datos del *disco duro*, estos se llevan del *disco duro* a la *memoria*. Las instrucciones del programa se van ejecutando secuencialmente y van manipulando los datos que se han cargado en *memoria*. Los resultados de estas operaciones son dejados en otras zonas de *memoria* y en algunos casos en zonas de *memoria* destinadas a los *puertos* de salida, por ejemplo la *pantalla*, con lo que la *tarjeta gráfica* que esta leyendo estos *puertos*, interpreta estos datos y los presenta por la *pantalla*. De esta forma los datos, siguiendo las instrucciones del programa pueden ser copiados al *disco duro* para que no se pierdan al apagar el ordenador. Así sucesivamente, obteniendo datos del *disco duro* o del teclado y volcándolos a la *memoria, pantalla, impresora* o *disco duro*.

Ésta es una visión muy esquemática de los componentes de un ordenador, pero que es suficiente para comenzar a estudiar el lenguaje que nos ocupa. Hay que indicar además que esta estructura de ordenador corresponde a una arquitectura de diseño llamada de *arquitectura de Von Newman* en la que se basa la gran mayoría de ordenadores actuales. Esta tiene como una de sus características que los programas y sus datos se encuentran en la misma *memoria*, no teniéndose una *memoria* especifica para programas y otra para datos.

3 COMPILADOR

Definición de archivo fuente

Un archivo de texto que escribimos, usando el lenguaje de programación que nos interese, se denomina archivo fuente o simplemente fuente. El texto que escribimos en este archivo fuente se denomina *código fuente*.

Definición de compilador

Es un programa que a partir de un archivo fuente, genera otro archivo que puede ser interpretado, leído o ejecutado por el sistema operativo. Las instrucciones que contiene este nuevo archivo pueden ser ejecutadas en el procesador de la máquina. Este archivo que puede de ser ejecutado se denomina *programa*.

Cuando tenemos varios archivos fuente que juntos han de formar el programa, el compilador genera un archivo por cada uno de ellos. Es necesario un programa auxiliar que enlace o junte estos archivos (que individualmente no son ningún programa) en uno solo, que será el programa final. A este programa que enlaza los archivos (llamados objeto o intermedios) generados por el compilador se le denomina *linker* (o *enlazador*).

El *compilador* y el *linker* son programas que tienen en cuenta el tipo de procesador y máquina que tenemos, así como el sistema operativo en el que se va a ejecutar nuestro programa. Nosotros nos desentendemos, de esta forma, del tipo de procesador que tiene nuestro ordenador y del sistema operativo. Son estos programas los que se encargarán de tener en cuenta que tipo de procesador tenemos. Simplemente debemos tener un compilador apropiado para él. Por tanto podemos escribir el código fuente de un programa en el lenguaje que nos interese y hacerlo correr en diferentes tipos de máquina con procesadores diferentes o con diferentes sistemas operativos, lo único que deberemos hacer es compilar (y linkar o enlazar si es necesario) nuestro fuente con el compilador correspondiente a ese procesador y sistema operativo. La ventaja está en que no tenemos que conocer las interioridades de los procesadores y sistemas operativos con tanto detalle, ni rescribir nuestro programa para diferentes máquinas.

Entorno de desarrollo

Para realizar la tarea de escribir el archivo fuente se puede emplear un editor de archivos de texto cualquiera. Después para compilarlo se ejecuta el compilador indicándole el nombre del archivo fuente y las opciones para generar el archivo que puede ser ejecutado. Si tenemos más de un archivo fuente, ejecutamos el compilador una vez para cada archivo fuente, generándose un archivo por cada fuente y entonces, con todos estos archivos generados por el compilador, se ejecuta el linker que juntará o enlazará todos estos archivos en uno solo que será el programa final, ejecutable por la máquina y sistema operativo que tengamos. Por último deberemos comprobar el funcionamiento de nuestro programa e intentar detectar y subsanar posibles problemas o fallos en la programación. Para ello se suele usar un programa que nos ayuda a depurar nuestro programa final. A este programa se le llama *debuger* (o *depurador*).

Para agilizar el uso de todos estos programas y otros que nos ayuden en la tarea de desarrollar aplicaciones y sistemas de programas, compuestos a veces de varios programas, se han inventado lo que llamamos *entornos de desarrollo*.

Definición de entorno de desarrollo:

Un *entorno de desarrollo* es un programa desde el cual se pueden realizar las tareas que se han enunciado anteriormente, facilitando la creación de nuevos programas. Suelen tener un editor de texto, y cuando se pide generar el programa final se encarga de compilar cada uno de los archivos fuente y después ejecutar el linker. Cuando ha terminado de ejecutar el compilador y el linker nos proporciona una relación de los posibles errores que se produzcan tanto al compilar como al enlazar nuestro programa y nos presenta el archivo fuente y la línea donde se produce. Además suele tener un debuger para facilitarnos la depuración de los errores de nuestro programa mientras se ejecuta en modo de prueba.

Cada fabricante de compilador suele tener un entorno de desarrollo para ayudar al programador en la creación de aplicaciones. Todos los IDE (Entorno de Desarrollo Integrado) tienen funcionalidades similares y se aprenden a usar relativamente fácil cuando se ha aprendido uno.

Cuál se va a usar

Teniendo en cuenta el objetivo, que se centra en el aprendizaje del lenguaje C, vamos a emplear un entorno de desarrollo que incluye por tanto el copilador, el linker y el debuger, así como un editor de texto que nos ayude a realizar la creación de aplicaciones. Como este aprendizaje del lenguaje es lo esencial ahora, este entorno de desarrollo va a ser simple y con pocas herramientas, comparado con los entornos comerciales actuales. No obstante es potente y didáctico y lo más importante, cubre nuestro objetivo de aprender el lenguaje sin perder tiempo en aprender un sofisticado entorno de desarrollo. En concreto usaremos el *Turbo C++ 1.01 de Borland*.

Dónde encontrarlo

Borland aún distribuye un antiguo entorno de desarrollo adecuado a nuestros propósitos. Este programa se distribuye sin coste alguno. En contrapartida no le da ningún tipo de soporte. En caso de problemas o dudas sobre este entorno hay que recurrir a los diversos foros de discusión que se encuentran repartidos por la red. No obstante para nuestros propósitos, no tendremos mayores problemas, ya que su uso es simple y directo. Se puede descargar de la dirección:

```
http://bdn.borland.com/article/0,1410,21751,00.html
```

donde se explica el entorno que vamos a bajar y en que condiciones se permite. En el enlace siguiente se puede bajar directamente el fichero que contiene el entorno de desarrollo:

```
http://bdn.borland.com/article/images/21751/tcpp101.zip
```

Instalación

Una vez hayamos descargado desde el enlace indicado mas arriba el entorno de desarrollo, podemos realizar su instalación, simplemente siguiendo los dos pasos siguientes:

1º Descomprimir el zip en un subdirectorio temporal, por ejemplo `c:\temp`

2º Ejecutar el fichero de instalación install.exe

- Se presenta la ventana de bienvenida. Pulsar enter en esta ventana de bienvenida.

- Cuando se pregunte por la unidad donde se encuentran los ficheros de instalación que pone A, indicar la unidad donde se ha descomprimido el zip, que si se ha hecho como en el ejemplo `c:\temp`, habrá que poner 'C'

- Cuando se pregunte por el camino donde se va a realizar la instalación, dejarlo como está y simplemente pulsar enter.

- Cuando se pregunte por las opciones de instalación, dejarlo todo como esta y seleccionar la ultima opción, en la parte mas baja de la ventana, utilizando la tecla de cursor y pulsando enter cuando se tenga seleccionada.

- Esperar que se realice la instalación y se presenten las ventanas informativas siguientes.

La primera ventana informativa indica un entorno de configuración para el sistema operativo, numero de ficheros abiertos simultáneamente y la variable path para encontrar los ficheros del compilador. Simplemente pulsar la tecla enter.

La segunda ventana informativa, nos indica donde encontrar un "tour" o presentación de cómo usar este compilador. Simplemente también pulsamos la tecla enter.

Con esto ya esta terminada la instalación.

Inicio del entorno de desarrollo

Buscar el fichero para arrancar el entorno que se encuentra en la carpeta de instalación indicada en el proceso anterior. Normalmente `c:\tc\bin` y el fichero se llama tc.exe Una vez ejecutado, se presenta su pantalla y ya se tiene el entorno iniciado.

Configuración inicial

Deberíamos crear un directorio donde dejar los ejercicios, por ejemplo `C:\ejer` .

Lo primero que hay que configurar son los directorios de trabajo del entorno. Pulsando Alt+O para entrar en el menú de opciones y dentro de este en la opción Directorios. Se configura, dejando las dos primeras entradas tal como están y la que corresponde a la tercera, el directorio de salida donde se pondrá el fichero exe que se generará con el compilador, escribimos nuestro `C:\ejer` creado anteriormente.

Prueba inicial del entorno de desarrollo

Ejecutamos o iniciamos el entorno de desarrollo que hemos instalado y ya tenemos previamente configurado en los pasos anteriores. Lo primero que vamos a hacer es escribir el código. En la ventana azul de archivo que tenemos en la pantalla, introducimos el texto siguiente:

```
#include <stdio.h>

main()
{
      printf( "Hola" );
      return getch();
}
```

Segundo guardamos este trabajo en un fichero. Pulsando Alt+F con lo que se despliega el menú de ficheros, y seleccionamos la opción "save" para guardar. Navegamos por el árbol de directorios hasta el directorio de nuestros ejercicios: `C:\ejer` y le damos un nombre a nuestro fichero, por ejemplo "hola.c".

Tercero compilamos y linkamos el fichero. Pulsando Alt+C aparece el menú de compilar, "Compile" y de esta elegimos la primera opción para realizar el exe (ejecutable). Tal como le hemos dicho en la opción de directorios anteriormente, el fichero hola.exe será dejado en el directorio de salida, `C:\ejer`. Cuando termine la compilación se presenta una ventana indicando el número de errores o avisos que nos da el compilador y el linkador. En este caso deben ser 0.

Cuarto probamos la ejecución del programa. Buscamos nuestro programa hola.exe que debe estar en `C:\ejer` y lo ejecutamos. En la pantalla debe aparecer un simple "Hola" y el cursor se queda esperando hasta que pulsemos enter, momento en que se termina el programa.

Para la ejecución del programa compilado y enlazado también podemos usar la opción Alt + R que despliega el menú de Run y en él seleccionar la opción de "Run", que es la primera, con lo que se ejecuta el programa creado. Otra forma es con la combinación de teclas Ctrl + F9 . El problema que tienen estas formas de ejecución es que si nuestro programa no tiene un punto de parada o de espera de entrada de datos antes de terminar, puede que se ejecute presentando su pantalla y termine rápidamente volviendo a presentarse la pantalla del entorno integrado, sin darnos tiempo a ver la salida que se ha producido en la pantalla por parte de nuestro programa. Este es el caso del programa de prueba que nos ocupa.

Así vemos que está instalado correctamente el entorno y preparado para usarse.

4 ENTORNO

El entorno de desarrollo nos va a ayudar a realizar la tarea de crear aplicaciones. Nos proporciona como se ha dicho anteriormente un editor, el acceso al compilador, al linker y a un depurador de nuestros programas. Hemos elegido para aprender lenguaje C un entorno de desarrollo sencillo de usar para concentrarnos en lo que de verdad nos interesa que es el aprendizaje del lenguaje.

A pesar de su sencillez, no obstante vamos a detallar como realizar las operaciones básicas con este entorno. La primera es crear un nuevo archivo fuente y guardarlo para crear un programa. Para ello, iniciamos nuestro entorno de desarrollo. Se presenta siempre una pantalla con el titulo NONAME00.C. Éste es un archivo que todavía no ha sido guardado y en el que podemos comenzar a escribir nuestro código fuente. En caso de que esta ventana no estuviera abierta o la hubiéramos cerrado, seleccionando del menú File la opción New, se crea esta ventana.

Para guardar este fichero sin nombre en nuestro directorio de ejercicios, pero con un nombre nuevo, seleccionamos el menú File y dentro de este la opción Save. Entonces se presenta un cuadro de diálogo para indicar el nombre y la ubicación del archivo que deseamos guardar. En el recuadro cuyo titulo es Files se tiene una entrada con el texto ..\ Con este texto se representa al directorio del que cuelga el actual. O dicho de otra forma, el directorio padre del actual. Pulsamos sobre esta opción ..\ con el ratón haciendo doble clic, y buscando esa entrada, repetimos el doble clic con el ratón sobre él hasta que en el cuadro cuyo titulo es Save Editor File As aparece el texto C:\NONAME00.C

En este momento debemos tener en el recuadro titulado Files la lista de directorios y archivos que cuelgan directamente de la raíz del disco duro. Buscamos la entrada que pone EJER\ o aquella en la que queramos dejar guardado nuestro archivo. Una vez hecho doble clic sobre esta entrada tendremos en el cuadro de titulo Save Editor File As el texto: C:\EJER\NONAME00.C Ahora con el ratón situamos el cursor sobre este NONAME00.C, lo borramos y escribimos el nombre que le vamos a dar a nuestro fichero, por ejemplo PBA.C.

Y por último pulsamos el botón OK del cuadro de diálogo. Con ello desaparece de la pantalla este cuadro de diálogo y el título de la ventana se cambia para reflejar el nombre que le hemos dado. Ya hemos creado y guardado nuestro primer archivo de texto con extensión .C

Expliquemos brevemente ahora cada uno de los elementos del menú del entorno de desarrollo.

FILE

En este menú desplegable se tienen las opciones necesarias para abrir un archivo existente, para crear uno nuevo y para guardar el archivo activo en ese momento en el entorno. También se tienen otras opciones como la que permite imprimir el archivo activo en una impresora directamente conectada al puerto paralelo del ordenador, abrir una nueva pantalla del "Shell" del sistema operativo y ejecutar comandos de este. Por último la opción de salir del entorno.

EDIT

En este menú se tienen las opciones para realizar tareas básicas de edición de texto, como copiar, cortar y pegar.

SEARCH

En este menú se tienen unas opciones básicas de búsqueda y sustitución de texto dentro del fichero activo. También se tienen opciones para ir a un número de línea concreta. Además se puede buscar secuencialmente cada uno de los archivos y líneas donde se ha producido un error de compilación o buscar el lugar donde aparece una función concreta.

RUN

Con este menú podemos iniciar la depuración de nuestro programa, ejecutándolo directamente, haciéndolo instrucción a instrucción, entrando en cada una de las funciones o saltando por encima de ellas. Desde este menú se le pueden indicar argumentos a nuestro programa para que los tenga en cuenta, como si hubieran sido pasados desde el sistema operativo en el momento de iniciar la ejecución.

COMPILE

En este menú tenemos la opción de generar el archivo ejecutable final, invocando al compilador tantas veces como sea necesario para cada uno de los archivos fuente que hayamos modificado del proyecto y a continuación el linker. También, con la opción de "Build All" podemos ordenar la compilación de todos los ficheros del proyecto independientemente de si han sido modificados desde la última compilación o no.

DEBUG

En este menú se nos presentan diferentes opciones para realizar la depuración de nuestro programa, pudiendo poner puntos de ruptura (Break Points), condiciones de parada, inspeccionar valor de variables, etc.

PROJECT

En este menú se indican los diferentes archivos fuentes que pueden formar parte de un proyecto para generar una aplicación. A partir de un archivo con extensión PRJ que se puede crear con el editor de texto, se van añadiendo los diferentes archivos .C que forman parte del proyecto, de forma que cuando se invoque la compilación desde el menú COMPILE, todos ellos serán compilados, si es necesario.

OPTIONS

Desde este menú se pueden configurar diversas opciones para la ejecución del entorno, del compilador y del linker. Contiene la definición de los directorios donde se van a ir a buscar los programas y donde se va a dejar el programa creado. También se indican algunas opciones de memoria para el compilador. No vamos a entrar en explicar con detalle estas opciones ya que en los compiladores modernos ya no son necesarias y para el fin que perseguimos, de aprendizaje, no necesitaremos modificar modelos de memoria, etc.

Ahora, simplemente recordar que si cambiamos alguna de las configuraciones de este menú, debemos pulsar luego la opción "Save" de este menú OPTIONS ya que en caso contrario la próxima vez que arranquemos el entorno de desarrollo no las tendrá en cuenta.

WINDOW

En este menú se tiene las opciones para manipular las ventanas del entorno, tanto las que nosotros vayamos creando como las que el propio entorno tiene por defecto y que podemos presentar. Estas últimas son las ventanas de resultados de compilación, de depuración, de ejecución del programa que se depura y mensajes.

HELP

Es el menú para consultar la ayuda tanto del entorno de desarrollo como de referencia del lenguaje C, que en muchas ocasiones nos puede ser útil para recordar la sintaxis de funciones.

5 MAIN

Vamos a denominar punto de entrada el lugar por donde el procesador empieza a ejecutar instrucciones una vez cargado el programa en la memoria. El punto de entrada de todo programa en C es la llamada función main. La sintaxis (forma de escribir o usar) una función nos indica:

- el nombre de esa función
- que tipo de variable de vuelve
- que tipo de variables acepta como parámetros

Más adelante veremos que tipos de variables hay y que son y de que forma se pueden pasar parámetros a las funciones. Ahora presentamos simplemente la forma general de la función main, su declaración, para que podamos empezar a usarla.

```
int main( int num_pars, char **pars );
```

Aquí se indica que main es el nombre de la función. El int que se tiene delante de main indica el tipo de variable que retorna después de haberse ejecutado la función que en este caso es un entero, un número. Entre paréntesis se tienen los parámetros que se pueden pasar a la función. En este caso son dos parámetros, un entero (int) y una matriz de punteros (char **). Estos tipos de variables, como se ha dicho antes, se verán más adelante, ahora nos conformaremos con presentarlos para poder usar la función main.

¿Quién pasa estos parámetros a la función main si es el punto de inicio del programa? ¿Y a quién devuelve main su resultado en forma de valor entero? La respuesta es el sistema operativo. Cuando iniciemos la ejecución de nuestro programa una vez creado, podemos pasarle argumentos desde el sistema operativo. El sistema operativo toma estos argumentos (que en realidad se los proporcionamos nosotros al invocar nuestro programa) y al iniciar nuestro programa se los pone en el lugar de memoria que hemos reservado al crear nuestro programa en esas variables. Estas variables las hemos nombrado num_pars y pars.

En el primer parámetro el sistema operativo pone un número entero. Este número es igual al número de argumentos que nosotros pasamos al sistema operativo más uno al invocar la ejecución del programa, pues el nombre del programa cuenta. En `pars` se tiene una matriz de cadenas de texto, donde cada elemento es uno de estos parámetros empezando por el nombre del programa y acabando por el último argumento.

Si en la línea de comandos del sistema operativo ponemos:

```
C:\>prueba.exe opcion1 opcion2
```

El primer parámetro, `num_pars` tendrá un valor de 3 ya que son tres los parámetros que se pasan. El segundo parámetro es una matriz de cadenas, cuyo primer elemento será un puntero a la cadena prueba.exe, el segundo elemento de la matriz será un puntero a la cadena `opcion1` y el tercero a la cadena `opcion2`.

Cuando el programa termina, devuelve un valor entero al sistema operativo, indicando alguna condición de terminación o resultado. Este valor es el indicado por el (int) que se tiene delante de la palabra main.

Más adelante veremos un ejemplo que nos muestre el uso de estos parámetros.

La función `main` es la única que puede usarse no de forma explícita tal como está declarada mas arriba. Es decir, podemos poner `int main()` si no vamos a hacer uso de los argumentos que el sistema operativo le pase.

Veamos el programa más pequeño que se puede realizar en C. Es un programa que no realice ninguna tarea y simplemente retorne un valor al sistema operativo.

```
int main()
{
    return 0;
}
```

Probémoslo. En el entorno de desarrollo creemos un nuevo archivo que grabaremos en nuestro directorio de ejercicios con el nombre de NADA.C . A continuación escribimos el texto tal como se presenta en el cuadro anterior, lo guardamos y lo compilamos y obtenemos el exe, NADA.EXE. Comprobamos que no se han producido errores en la compilación y por último buscamos en el directorio de ejercicios el archivo NADA.EXE. Al ejecutarlo comprobaremos que no ha ocurrido nada, por que simplemente nuestro programa no hace nada, mas que devolver un valor 0 al sistema operativo.

Como se puede ver, aquí se emplea la función main sin indicar los parámetros que se usarían si el sistema operativo le pasa argumentos al programa y pretendemos usarlos. Ésta es la única función que podremos usar de esta forma. Todas las demás funciones que veremos y las que nosotros crearemos, han de usarse de acuerdo a la definición que de ella hagamos, pasándole necesariamente los parámetros que hayamos definido para la función.

En resumen, la función main es aquella que todo programa contiene y por donde se inicia la ejecución de nuestro programa.

Ésta función siempre ha de devolver un valor entero y se le pueden pasar argumentos desde el sistema operativo, que éste los sitúa en las variables que se declaran como parámetros en la definición de la función main.

6 DECLARACIÓN EN C

No es nuestro objetivo el enseñar al lector la metodología de la programación en general, en cuanto a diseño de programas comerciales o que se puedan usar en un entorno productivo propiamente dicho. Ahora nos preocuparemos de preparar la base para que eso llegue a ocurrir en un futuro con el esfuerzo y estudio necesarios. Lo que sí que perseguimos es que se comprenda la filosofía y la forma de realizar programas en C partiendo de su sintaxis y gramática.

Iniciemos el entorno de desarrollo y enfrentémonos a la pantalla NONAME00.C de fondo azul que se nos presenta. En este momento surge el problema de ¿Qué programar?. Iremos realizando ejercicios que nos presenten los diferentes conceptos que iremos adquiriendo.

En la vida real uno de los principios que tenemos que tener muy claros es que antes de realizar ni una sola pulsación de tecla, debemos saber perfectamente que es lo que queremos o necesitamos de las máquinas, después diseñarlo sobre el papel y realizar un profundo estudio de las posibles ampliaciones o modificaciones del modelo que estemos realizando para que posteriormente sea factible realizarlas. Solo después de tener resueltos estos temas, podremos ponernos a teclear el programa que solucione el problema, no antes, ya que sino acabaremos teniendo otros serias dificultades que harán incluso que tengamos que repetir la escritura del programa varias veces, con el consiguiente retraso, gasto, etc. Para todo esto hay metodologías de desarrollo que en este libro no se presentan. Ahora mismo nuestro objetivo es otro.

El lenguaje C es muy estructurado. Hay otros mas estructurados e incluso didácticamente mas recomendables, pero el C es el que nos ocupa ahora. En este lenguaje no se puede usar nada, ningún objeto o función o variable que previamente no haya sido definido. Estos conceptos de función, variable, objeto, los veremos más adelante. Incluso lo que no se sabe como se va a usar hay que definirlo o declararlo previamente. El sentido de esta última frase también se verá mas adelante.

Todo esto parte del hecho de que los ordenadores lo que hacen en realidad es manipular datos, modificándolos o generando otros nuevos, y eso se hace a través de las instrucciones de los programas que ejecutan los procesadores. Estos datos residen en la memoria del ordenador. Como todos estos datos residen en la memoria del ordenador, un programa que vaya a modificar o generar estos datos, ha de saber en cada momento que cantidad de esta memoria está usando en cada dato o que memoria va a necesitar para generar uno nuevo, así como el lugar de la memoria donde ese dato está. O sea, su dirección de memoria y su tamaño.

También las instrucciones ocupan sitio en la memoria y se ha de saber donde están y cuanto sitio ocupan. La agrupación de instrucciones que realicen una tarea más compleja se llama función. Este conjunto de instrucciones denominada función tiene por tanto una extensión en memoria y también una posición de inicio y si nuestro programa va ha hacer uso de esas instrucciones o funciones, debe saber qué cantidad de memoria van a usar e incluso en que punto (dirección) de la memoria se va a poner. Como referencia a esta zona de memoria se usa el nombre de la función.

Por todo lo anterior, la memoria se numera, empezando en 0 y acabando en el número que corresponda al último byte de memoria que exista en el ordenador. A cada uno de estos números se le dice que es la dirección de memoria de ese byte.

Si tuviéramos una memoria de 100 bytes, la memoria tendría un direccionamiento de 0 a 99.

El lenguaje C, como todo lenguaje, tiene un vocabulario, que nos sirve para denominar los conceptos y realizar acciones de una forma convenida. Este vocabulario hay que aprenderlo más o menos de memoria o al menos saber la mayoría.

Dentro de este vocabulario tenemos un conjunto de palabras que sirven para realizar acciones sobre los datos y los dispositivos de entrada y salida, sin que nosotros los tengamos que inventar, ya vienen con el propio lenguaje. Éstas son las librerías del lenguaje. Se agrupan según la finalidad para la que se han creado o dicho de otra forma por afinidad de su trabajo. Así se tienen funciones (también llamadas rutinas) para manipular números, funciones para obtener datos del teclado, funciones para presentar texto en la pantalla, funciones para acceder a archivos y ficheros de disco, etc.

A parte de estas funciones que ya tenemos disponibles, nosotros podemos inventarnos otras palabras nuevas, o sea nuevas funciones que añadir al vocabulario del lenguaje, que podemos usar en nuestros programas. Estas nuevas palabras también las podrían usar otros programadores en sus programas. Para ello podríamos crear nuestras librerías.

Cuando realizamos un programa y usamos una de las funciones de C que vienen incorporadas en las librerías estándares del lenguaje, el compilador ve que tiene que traducirla al lenguaje máquina. Para ello busca en el directorio de librerías, (indicado en la configuración que se hace al instalar el entorno de desarrollo) el código de la función y lo incorpora a la compilación. Pero para ello debemos haber declarado en nuestro programa que vamos a usar esa función. De esa forma el compilador sabe que se va a usar esa función. Ya hemos dicho que en un programa debemos declarar todo lo que se va a usar para poder reservarle sitio.

La única función que no tenemos que declarar explícitamente es la función main. El resto de funciones hay que declararlas para que el compilador sepa dónde buscarlas y que cantidad de memoria tiene que reservar para los parámetros que se le pasan, los valores que devuelve etc.

¿Dónde se hace la declaración de variables y funciones? Al principio de donde toque. Es decir, si se trata de una función que vamos a usar en el programa, al principio de cada archivo fuente que lo vaya a usar. Si se trata de una variable que vamos a usar en todo el programa, antes del código de la función main. Si es una variable que vamos a usar dentro de una función, justo después de la llave que se abre para empezar a escribir el código de la función y antes de la primera instrucción que tenga esa función.

Más adelante veremos como se escribe el código de una función y lo dicho quedará más claro. Por ahora vale con que nos quedemos con la idea de que lo que hay que declarar es necesario hacerlo "lo mas pronto" posible. El compilador nos dará muchos errores si no lo hacemos así.

Al igual que con las funciones, todas las variables que deseemos usar, se han de declarar previamente, para que el compilador sepa que cantidad de memoria va a usar esa variable, antes de poderse usar. Los tipos de variables que tiene definido el lenguaje lo veremos un poco mas adelante. Ahora adelantemos que existe el tipo int que ya se ha visto en otros puntos anteriores del libro. Este tipo `int`, el compilador lo maneja como un bloque de memoria de 2 o 4 bytes dependiendo de la arquitectura del ordenador. Nosotros vamos a suponer que son 2 bytes. Además lo va a manejar como un número con signo, de forma que podrá tomar valores entre –32768 y +32768. Hay otras variables, que ocupan más bytes que el `int` y otras que ocupan menos. Además podemos declarar nuevos tipos de variables, cosa que veremos también más adelante.

Veamos ahora un ejemplo. Realicemos un programa que se quede esperando la pulsación de un carácter del teclado. Una vez realizada esta pulsación, es interpretada como un número entero que se guardará en una variable del mismo tipo y su valor es el retorno de nuestro programa al sistema operativo. Para ello, vamos a usar la función, `getch` , que lee un carácter del teclado y lo devuelve como valor de retorno.

```
int getch(void);

int main()
{
    int iLeido;

    iLeido = getch();
    return iLeido;
}
```

Como se ve en este ejemplo, lo primero que hacemos es declarar las funciones que vamos a usar, a excepción de `main`. En este caso declaramos la función `getch`, de forma que esta función devuelve un entero (`int`) y se le pasa como parámetro la expresión `void`. Esta palabra "void" es una palabra clave del lenguaje que quiere decir que no se le pasan parámetros. También debemos observar que a cada instrucción, se la debe terminar con el punto y coma, ";".

A continuación tenemos la función `main`. En ella, lo primero que hay que hacer es declarar todas las variables que se van a usar dentro de esta función main.

Así, en este caso se declara la variable `iLeido`, de forma que decimos que es una variable de tipo int. Con ello el copilador sabe que debemos reservar 2 bytes para trabajar con ella y que a esos 2 bytes nos vamos a referir a ellos con el nombre `iLeido`. Estos 2 bytes estarán en la memoria en algún punto, ocupándolos de forma correlativa. El primero de ellos tendrá una posición dentro de toda la ristra de bytes de la memoria, que como se ha visto antes está numerada. Al número de posición correlativo que le corresponda al primer byte de éstos que reservamos para esta variable que llamamos iLeido se le denomina dirección de iLeido.

En la función main ya no hay más declaraciones. Ahora vienen las instrucciones que se ejecutan. La primera lo que hace es llamar a la función getch, sin parámetros. En este momento se está usando la función. Esta función está definida al principio del archivo, por tanto la podemos usar. Esta función lee un carácter del teclado, lo convierte en un entero y lo devuelve. En esta instrucción asignamos el valor devuelto por esta función al contenido de la memoria reservada para la variable iLeido. O sea la variable iLeido va a guardar en sus 2 bytes de memoria el valor devuelto por la función getch.

Por último, la siguiente instrucción retorna al sistema operativo el valor entero que los 2 bytes de memoria reservados para la variable iLeido contienen. Y el programa se ha terminado.

Podemos crear un archivo llamado DECLARA.C en nuestro directorio de ejercicios, escribir el código de más arriba, guardarlo, compilarlo y viendo que no hay errores de compilación, ejecutar el archivo DECLARA.EXE. Veremos entonces que el cursor se queda esperando una pulsación de teclado y una vez hecha, el programa termina. No vemos nada pues no hemos dado ninguna instrucción al programa para presentar ninguna salida, simplemente devuelve un valor al sistema operativo, el cual tampoco nos dice nada al respecto.

7 VARIABLES

Cuando creamos un programa, para resolver una necesidad, vamos a tener que guardar datos para manipularlos. Estos datos como se ha visto anteriormente ocupan memoria. Así por ejemplo, si queremos guardar la edad de una persona, necesitaremos algún lugar de la memoria que sea capaz de guardar un número entre 0 y 150 al menos.

En binario un número es representado, como su propio nombre indica, por dos símbolos, el uno y el cero. Cuanto mas grande sea el número más dígitos tendrá la ristra de unos y ceros en binario para poderlo representar.

Nuestra sociedad en el día a día usa números en base decimal, lo que implica que usamos 10 símbolos para representarlos (del 0 al 9) e igualmente, cuanto mayor sea el número a expresar mayor es el número de dígitos que se deben usar.

Así, el número cero expresado en decimal: 0 coincide con la expresión del número cero en binario, el uno en decimal: 1 también coincide con el uno en binario. Pero el número dos en decimal: 2 ya no es posible representarlo con un solo dígito en binario, ya que sólo tenemos dos símbolos, con lo cual necesitamos usar un dígito mas, con lo que el número dos en decimal: 2 se representa como $10_{(2}$ en binario. El subíndice indica la base (binaria) que se usa. Si no se pone subíndice implica que se usa la base decimal.

Teniendo esto en cuenta, un número en binario de n dígitos puede representar un número entre cero y 2^n-1, por ejemplo un número binario de 4 dígitos puede representar un número entre cero y quince = 2^4-1.

Como la memoria de un ordenador se basa en bits donde se guardan unos o ceros en cada bit, las operaciones que realiza un ordenador son básicamente binarias.

Por ello, para guardar un número entre 0 y 150 necesitaremos al menos 8 bits o sea un byte, ya que si usáramos 7 bits el número máximo que podríamos representar es $2^7-1 = 127$ y con 8 bits = 1 byte es $2^8-1=255$. Por tanto la memoria necesaria para guardar la edad de una persona en un rango entre 0 y 150 es de 1 byte.

En otras ocasiones necesitaremos guardar, por ejemplo, el nombre de una persona. Para ello lo que hacemos es utilizar la convención que nos proporciona el código ASCII. Recordemos que con este código lo que se hace es asociar cada uno de los valores que puede tomar un byte, entre 0 y 255, con un símbolo. Por ejemplo el valor 48 corresponde al símbolo '0' (cero). El valor 65 corresponde al símbolo 'A' y el valor 97 corresponde al símbolo 'a'.

Si suponemos que el nombre más largo de una persona puede llegar a tener 25 letras, necesitaremos reservar 25 bytes de memoria al menos para guardar en cada uno de ellos un valor que traducido a través del código ASCII nos represente el nombre de esa persona.

El contenido de estas zonas de memoria puede cambiar de un momento a otro, pudiendo en un momento dado contener la edad de un niño, con el valor 7 y en otro momento la edad de un adolescente con el valor 15. De ahí la denominación de variable, ya que su valor depende del uso momentáneo que se le esté dando en el programa y puede cambiar de valor. Así pues hemos visto que las variables tienen una extensión en memoria que dependerá del uso que le demos.

Se define el tipo de una variable como el nombre que se le da al conjunto de variables que tienen el mismo número de bytes de memoria reservados.

Por ejemplo, a todas las variables que reservan dos bytes se les denomina int. A todas las variables que reservan 1 byte de memoria se les denomina char.

Hay que notar que el número de bytes que un tipo de variable reserva en memoria puede depender del compilador. Así, en muchos compiladores modernos un int reserva 4 bytes. Hay mecanismos para averiguar qué cantidad de bytes reserva cada tipo. Esto lo veremos más adelante.

Con el lenguaje C ya tenemos una serie de tipos predefinidos que podemos usar para reservar memoria para nuestras variables. Estos tipos son los que se tienen en la tabla siguiente, junto con los bytes de memoria que usa y como los interpreta el compilador.

TIPO	BYTES	USO
Char	1	Caracteres o enteros de 0 a 255 o -128 a 127
Int	2	Enteros de 0 a 65535 o -32768 a 32767
Flota	4	Decimales de 3.4 E-38 a 3.4 E+38 y negativos
Double	8	Decimales de 1.7 E-308 a 1.7 E+308 y negativos

A estos tipos se le pueden anteponer unos modificadores que aumentan o disminuyen el número de bytes que se reservan y por tanto el rango de valores que pueden guardar. Por otra parte se tiene el modificador unsigned que indica si el compilador va a interpretar el valor guardado dentro de los bytes reservados de memoria como exclusivamente positivo o que puede ser positivo o negativo si este modificador no se antepone.

Veamos ahora los conceptos relacionados con una variable en cuanto a su posición en la memoria. Recordemos que la memoria se puede considerar como una ristra de bytes puestos uno a continuación de otro, numerados desde 0 en adelante.

Supongamos que declaramos una variable int en nuestro programa, y la llamamos iEdad . Además en un momento dado el valor de esta variable es 24, que en base binaria es 00000000 00011000$_{(2}$. En el esquema siguiente se muestra un posible almacenamiento de esta variable.

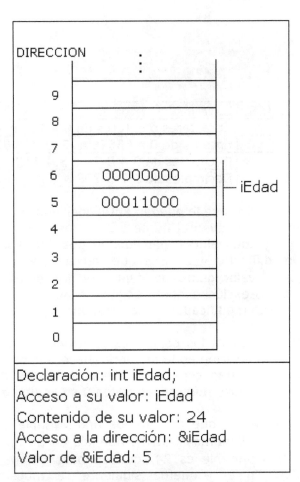

Ilustración 1. Variables en la memoria

En este caso la variable `iEdad` ha sido puesta en los bytes 5 y 6 de memoria, de forma que su dirección es 5. Como es un `int`, se han reservado dos bytes para ella. Su nombre es la forma de referirnos a su valor, en este caso 24 que es lo que contienen los bytes.

Por otra parte se puede saber cuál es la dirección de una variable y hacer referencia a ella a través del símbolo & poniéndolo delante del nombre de la variable. Así `&iEdad` hace referencia a la dirección de memoria donde comienza la variable, que en este caso vale 5. O sea que `&iEdad` vale 5. No confundir con el valor de `iEdad` que es 24.

Los tipos de variables char, int, float y double se declaran y se usan como ya se ha visto en el ejemplo DECLARA.C del capítulo DECLARACIONES.

Hay otro tipo de variables denominadas variables puntero. En estas variables lo que se guarda es la dirección de otra variable. Este tipo de variables es importantísimo en C y es la causa de muchos de los fracasos a la hora de estudiar este lenguaje. Teniendo claro el concepto de este tipo de variables garantizamos nuestras posibilidades de éxito de dominar este lenguaje (y muchos otros).

Veamos gráficamente un ejemplo que nos ayudará a comprender la declaración y uso de los famosos punteros. En primer lugar observemos el siguiente código.

```
int main()
{
        int iEdad1;             // 1
        int iEdad2;             // 2
        int *pEdad;             // 3

        iEdad1 = 15;                    // 4
        iEdad2 = 24;                    // 5
        pEdad = &iEdad1;        // 6
        pEdad = &iEdad2;        // 7
        return *pEdad;                  // 8
}
```

En este programa declaramos dos variables de tipo int, iEdad1 y iEdad2 respectivamente, en las líneas con el comentario // 1 y // 2.

Hemos de hacer notar aquí que en lenguaje C, todo lo que queda a la derecha de dos barras inclinadas en esa línea es tomado como un comentario por el compilador y es como si no lo hubiéramos escrito. Esto puede servir para documentar nuestro código fuente. También hay otra forma de introducir comentarios de forma que el compilador lo ignore. Esto es utilizando la combinación de caracteres /* para indicar el principio de un comentario y la combinación de caracteres */ para indicar el final. Hay que tener cuidado de abrir y cerrar siempre la zona de comentarios, ya que si nos olvidamos de cerrarlo, el compilador interpretará zona de código como comentarios, no los tendrá en cuenta y se generarán muchos errores al compilar.

En la línea comentada // 3 declaramos una variable puntero. Esto se ve por que aparece el carácter * delante del nombre de la variable en el momento de su declaración. Como hemos dicho antes, una variable de tipo puntero contiene la dirección de otra variable. ¿Cuantos bytes de memoria se reservan para una variable de tipo puntero? La respuesta es: tantos como sean necesarios para la máxima capacidad de direcciones que el compilador puede manejar.

Si en el entorno de desarrollo que estamos usando, entramos en el menú "Options", en la opción "Compiler" y dentro del menú que aparece en la opción "Code generation", nos aparecerá un cuadro de dialogo en que podemos seleccionar el "Model" o modelo de memoria en que el compilador va a generar el programa ejecutable. Esto hace referencia a la cantidad de memoria que el compilador va a direccionar y como va a tratar la memoria disponible para los datos e instrucciones del programa. Por el momento nos vale con saber que en los modelos de memoria tiny, small y médium se emplean 2 bytes para una variable puntero, mientras que para los modelos compact, large y huge se emplean 4 bytes. Por tanto esto indica el número de direcciones posibles en cada modelo de memoria. En los modernos compiladores, no nos tenemos que preocupar de nada de esto pues los modelos de memoria son planos, junto con la gestión de memoria virtual que hacen los sistemas operativos implican que todo esto sea obsoleto. Como a nosotros nos interesa solo el aspecto didáctico de este entorno, simplemente usaremos el modelo small sin ocuparnos del resto. Por tanto de ahora en adelante, las variables puntero, o simplemente los punteros serán variables que reservan dos bytes de memoria para guardar en su interior la dirección de memoria de otra variable.

Una vez que sabemos que un puntero guarda en sus bytes la dirección de memoria de otra variable, esta otra variable también tendrá un determinado tipo. ¿Que tipo será?, pues aquel que indicamos delante del carácter * que se antepone al nombre de la variable puntero que estamos definiendo. Recordemos que la línea // 3 que estamos comentando es:

```
int *pEdad;
```

por tanto, esta es una variable de tipo puntero por tener el carácter * delante de su nombre. Su nombre es pEdad y por ser puntero reservamos dos bytes donde se pondrá la dirección de otra variable.

En esa dirección comienza una variable de tipo int, ya que es lo indicado delante del carácter *.

Hasta aquí las declaraciones de las variables en nuestro programa ejemplo. Recalcar que esto no es más que declaración. O sea, indicaciones al compilador para que sepa cuánta memoria reservar a cada variable. El uso de estas variables en nuestro programa viene en las siguientes líneas.

En la línea 4 se pone en los dos bytes reservados para la variable iEdad1 el valor 15. En la línea 5 se pone en los dos bytes reservados para la variable iEdad2 el valor 24. En la línea 6 se pone en los dos bytes reservados para la variable *pEdad el valor "dirección de la variable iEdad1". Notar que en la variable *pEdad no se pone el valor de iEdad1 sino la dirección donde está iEdad1. En la línea 7 se pone en los dos bytes reservados para la variable *pEdad el valor "dirección de la variable iEdad2".

Por último en la línea // 8 se devuelve al sistema operativo (ya que es el return del main) el valor contenido en la variable apuntada por el puntero *pEdad. O sea, cuando el procesador ve esta instrucción lo que hace es ver el valor guardado en *pEdad que es la dirección de iEdad2, como sabe que es la dirección de un int, va a esta dirección y toma los dos bytes que ocupa este int iEdad2 y su contenido, 24, es el valor que empleará el return. Nótese el uso del carácter * para acceder al valor de la variable apuntada por el puntero *pEdad. Esto es lo que induce a error pues se emplea tanto en la definición de la variable puntero, como en el momento de su uso para acceder al valor de la variable apuntada.

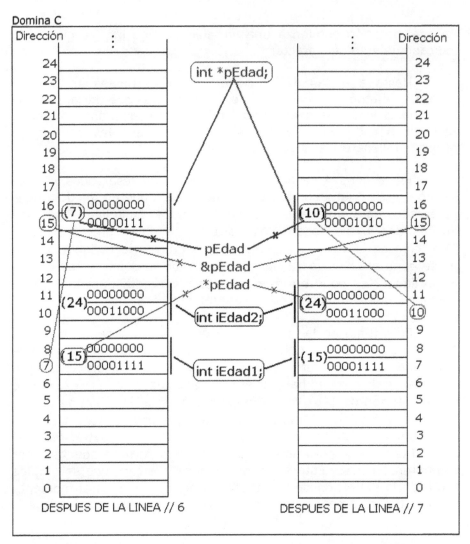

Ilustración 2. Variables puntero en la memoria

En el gráfico anterior se muestra una posible (por la numeración de la dirección de los bytes) situación de la memoria después de la línea 6 y de la línea 7. En éste, se distingue entre la parte de uso de la variable `int *pEdad` con líneas con una 'x', y la parte de declaración con líneas color verde. Se indica el lugar de la memoria reservada para cada una de las tres variables, y para la variable `int *pEdad` se indica su contenido (en `pEdad`), su dirección (en `&pEdad`) y el valor de la variable a la que apunta (en `*pEdad`).

Como se observa, después de la línea 6 el valor de *pEdad es 15 y después de la línea 7 el valor de *pEdad es 24 ya que la dirección almacenada en pEdad ha cambiado y por tanto apunta a un int distinto, al pasar de apuntar a la dirección 7 a la 10.

También se observa en este gráfico que la dirección de iEdad1 es 7 y la de iEdad2 es 10 que se obtendría a través de las expresiones &iEdad1 y &iEdad2. Y los valores de iEdad1 y iEdad2 son respectivamente 15 y 24, que se obtienen con las expresiones iEdad1 y iEdad2.

Existe el concepto de aritmética de punteros, con el cual se hace referencia a la forma en que se pueden realizar las operaciones de suma y resta de enteros al valor contenido en los bytes de un puntero. Cuando al valor guardado en un puntero se le suma una unidad, lo que se está realizando es incrementar el valor guardado (una dirección de una variable de tipo determinado) en tantas unidades como tamaño tenga el tipo de la variable apuntada por el puntero. Vamos a explicar este trabalenguas.

En el ejemplo que tratamos anteriormente tenemos el puntero definido como int *pEdad; Esto quiere decir que hemos reservado dos bytes (por ser un puntero) que contendrán la dirección de una variable de tipo entero. Por tanto el tamaño de lo apuntado (un entero o int) es de dos bytes. Así, cuando incrementemos en una unidad el valor que la variable *pEdad guarda, lo que haremos será incrementar en 2 unidades su contenido, de forma que apuntaría a un supuesto entero guardado a continuación del que estaba previamente apuntado.

Si estamos después de la línea 7 en el gráfico anterior, tenemos que pEdad tiene un valor de 10, que es la dirección de iEdad2, si a continuación introdujéramos la instrucción:

```
pEdad = pEdad +1;
```

lo que ocurriría es que el valor de pEdad pasaría a ser 12, ya que con esta instrucción lo que indicamos es que se apunte a la dirección de memoria que hay después de la variable que apuntamos ahora. Cómo esta tiene un tamaño de 2 (por ser un entero), el nuevo valor almacenado en pEdad será 10+2 = 12.

Igualmente se puede restar un número entero de un puntero, que es equivalente a restar del valor contenido en el puntero el valor de ese entero multiplicado por el tamaño de los tipos de variables apuntadas por el puntero; con lo que se hace apuntar el puntero a una supuesta variable situada esa cantidad de bytes por debajo del punto inicialmente apuntado.

Más adelante volveremos a repasar estos conceptos, cuando hayamos introducido las funciones y podamos obtener impresiones de todos estos valores pon pantalla. También volveremos a discutir acerca de las variables y otros conceptos con ellas relacionados después al tratar la forma que se pasan a las funciones para que las manipulen.

Discutamos ahora las matrices de elementos de un mismo tipo. Si tenemos varias variables del mismo tipo, una a continuación de la otra, podemos referirnos a ellas de una forma única empleando lo que se llaman matrices o arrays.

Supongamos un programa en que vamos a usar la edad de 25 personas para realizar cálculos. Podemos definir 25 variables int, una para cada persona por ejemplo: `int iEdad1; int iEdad2; int iEdad3; … int iEdad24; int iEdad25;` Y para cada vez que tengamos que incrementar la edad de todas ellas por que ha pasado un año, tendremos que hacerlo una a una en una instrucción diferente.

Pero una forma mucho más eficiente, elegante y sostenible, es definir una matriz de 25 int consecutivos. Esto se hace con la declaración:

```
int piEdad[25];
```

Con esta declaración el compilador le indica al procesador que se reserve espacio para 25 variables de tipo int, o sea 25*2 = 50 bytes de memoria consecutivos.

En este tipo de variable, cada uno de los elementos de la matriz se numera de 0 en adelante, de forma que en este caso tendremos 25 elementos numerados desde 0 a 24. Para poner en el contenido del elemento 12 un valor de 33, se deberá escribir:

```
piEdad[11] = 33;
```

La dirección de inicio de esta matriz viene dada, como siempre por la expresión `&piEdad` o bien por tratarse de un tipo matriz, simplemente por el propio nombre de la matriz, o sea piEdad, ya que en este tipo de variable para acceder al valor de cada elemento se ha de utilizar el operador [].

Las matrices se pueden inicializar con valores en la misma sentencia de declaración. He aquí algunos ejemplos para varias matrices de diferentes tipos.

```
int iEdades[] = {33, 43, 54, 23, 23};
int iAnys[3] = {32,43,12};
char acNombre[] = "Antonio";
char acCalle[33] = "Gran Vía";
char acSocios[3][35] = { "Antonio", "Juan", "José" };
```

El nombre de la matriz, en el caso piEdad además de servir para acceder a la dirección de la matriz, se comporta como si fuese un puntero, pudiéndose operar con ella como tal y cumpliéndose la aritmética de punteros como con cualquier otro puntero. Por ejemplo son equivalentes las dos instrucciones siguientes:

```
piEdad[11] = 33;
*(piEdad+11)=33;
```

Ya que piEdad+11 lo que hace es apuntar a la dirección del elemento 12 de la matriz y con el carácter * delante lo que hacemos es acceder a esa variable apuntada y asignarle el valor 33.

Notar que es incorrecto hacer la instrucción "piEdad+11=33" por que esto lo que esta intentando hacer es asignar como dirección de comienzo de la variable numero 12 de la matriz la dirección 33, cosa que no puede hacerse ya que las direcciones de los elementos de la matriz son invariables una vez definida la matriz, con una dirección de origen y todos los elementos están correlativamente situados detrás. No podemos cambiar de sitio uno de ellos de esta forma con las matrices.

Se pueden tener, obviamente, matrices multidimensionales. La vista anteriormente es el tipo de matriz unidimensional, pues con tan sólo un índice tenemos localizado cada elemento de la matriz. Un ejemplo de matriz bidimensional puede ser por ejemplo:

```
int aTablero[8][8];
```

que representaría una matriz de 8 x 8 elementos = 64, de forma que para acceder a cada elemento es necesario indicar 2 números, con un posible recorrido cada uno de 0 a 7.

En memoria esta variable se almacena obviamente en línea, poniendo los 8 primeros elementos seguidos y a continuación los 8 siguientes. Esto hace posible utilizar la aritmética de punteros para acceder a los elementos de la siguiente forma. Así son análogas las expresiones:

```
aTablero[3][4] = 33;
*(aTablero+27)=33;        //(3*8+4)-1
```

Ya que el elemento [3][4] corresponde, si se pusieran en línea al elemento (3*8 + 4)-1 = 27. El -1 se debe a comenzar a contar desde cero.

Hablemos ahora de la declaración de la variable tipo ** . Ésta es la declaración de una variable de doble indirección, un puntero. Es decir reservamos la cantidad de memoria necesaria para guardar una variable de tipo puntero, pero cuyo contenido es la dirección de otra variable también de tipo puntero. Así, la instrucción que declara este tipo de variable puede ser por ejemplo:

```
int **apEdad;
```

Puede que quede más claro su sentido si lo escribimos de la forma (cosa que no se hace en la vida normal, solo aquí para entenderlo mejor):

```
(int *) *apEdad;
```

Así escrito estamos diciendo con el * delante del nombre de la variable que vamos a reservar memoria para un puntero, 2 bytes, donde se va a guardar la dirección de otra variable. Esta variable es del tipo indicado por lo que haya delante del *, que en este caso es (int *) o sea que vamos a apuntar a un puntero. Este último puntero a su vez apuntará a donde sea, lo que explica que se denomine a este tipo de declaración como de "doble indirección".

Igualmente son aplicables aquí los conceptos indicados antes para la aritmética de punteros. Combinando el concepto de puntero y de matriz, podemos tener variables del tipo matriz de punteros, cuya declaración por ejemplo podría ser:

```
int *apEdades[5];
```

donde se tiene una matriz de 5 elementos (indicado por el [5]) en que cada uno es un puntero (indicado por el * delante del nombre) que guarda la dirección de una posición de memoria que contiene un entero (indicado por el `int`).

Por último vamos a indicar que podemos crear nuevos tipos de variables, partiendo de los tipos básicos que el propio lenguaje posee. Esto se verá mas adelante cuando tengamos mas soltura en el manejo de la "gramática" del lenguaje C y usando los tipos que conocemos y las funciones.

8 PREPROCESADOR

Cuando el compilador va a iniciar su tarea de traducir el código fuente del archivo fuente que le indicamos, antes de ello realiza una tarea previa que consiste en llamar a un programa auxiliar, denominado preprocesador (que como su nombre indica se ejecuta antes de procesar el archivo por parte del compilador). Este programa preprocesador toma el archivo fuente original y genera otro intermedio que es el que realmente va a procesar el compilador.

En el archivo fuente se pueden incluir una serie de directivas dirigidas a este programa preprocesador, o simplemente preprocesador, de forma que le indicamos que realice ciertas tareas. Veamos algunas de estas directivas al preprocesador y veremos rápidamente su utilidad.

#define

```
#define   TEXTO   VALOR
```

Esta directiva se emplea para que el procesador reemplace todas las ocurrencias del TEXTO indicado por el VALOR dado. De esta manera el fichero intermedio que genera el procesador tiene reemplazadas todas las cadenas TEXTO por su VALOR. Esta directiva es muy útil para poner parámetros en el programa, que se prevé que pueden cambiar, y que aparecen en multitud de puntos del programa. De esta forma, con cambiar el VALOR por el nuevo y volver a compilar el programa, ya se tienen cambiadas todas las ocurrencias o lugares donde aparezca, sin tener que ir a decenas o cientos de puntos a cambiar el valor antiguo.

#include

```
#include <nombre_archivo>
#include "nombre_archivo"
```

Esta directiva se emplea para que el preprocesador busque e incluya en el fichero intermedio en el punto donde aparezca esta directiva todo el fichero de nombre "nombre_archivo" indicado. De esta forma si en este archivo nombre_archivo tenemos la declaración de funciones que usamos muy comúnmente, no es necesario rescribirlo todo cada vez que creamos un nuevo archivo fuente. Son muy utilizados los archivos llamados de cabecera, que tienen la extensión .h y que contienen la definición de muchos tipos de datos, estructuras, objetos y funciones del lenguaje C, de forma que los podemos usar simplemente con indicar esta directiva al preprocesador y el nombre del archivo que lo contiene. La diferencia entre <> y "" está en la forma en que el preprocesador va a buscar estos archivos, ya que con <> busca en el directorio de includes indicado en la configuración de directorios del menú "Options – Directories – Include Directories" y con "" además busca en el mismo directorio donde se encuentran los archivos fuente.

#ifdef

```
#ifdef CADENA

        //instrucciones de C

#endif
```

Con esta directiva al preprocesador, se le indica que si está definida con una directiva #define previa el texto CADENA, entonces se incluya en el archivo intermedio que se le pasa al compilador todas las instrucciones que se encuentran hasta el #endif. Si no se encuentra definido este texto CADENA con un #define previo, se ignoran todas las instrucciones hasta el #endif y no se ponen en el fichero intermedio que será compilado finalmente. Esto se usa para evitar redefinir variables, constantes, funciones o realizar más de una vez alguna operación.

#ifndef

```
#ifndef CADENA

        //instrucciones de C

#endif
```

Es análogo al anterior, solo que en esta directiva se incluyen las instrucciones hasta el #endif sólo si no está definida con un #define el texto CADENA, en caso contrario se omiten estas instrucciones en el archivo intermedio.

#undef

```
#undef CADENA
```

Sirve para que una directiva #define anterior deje de tener efecto, osea, como si no se hubiera usado un #define previo.

Una de las principales utilidades de las directivas del preprocesador, y que en este nivel mas nos interesará, es la de incluir los ficheros de cabecera donde están definidas las funciones del lenguaje C y de los diferentes tipos de variables y estructuras que se emplean.

9 FUNCIONES

Un conjunto de instrucciones que realizan una operación o manipulación determinada sobre uno o varios datos y puede eventualmente modificarlos, produciendo un resultado final, se denomina función.

Cuando se habla de instrucciones nos referimos, de forma amplia, a las que el propio lenguaje C permite por diseño. Estas instrucciones pueden ser incluso otras funciones más básicas que se hayan creado por nosotros.

Las funciones se crean para no tener que repetir código. Una vez se crea una función que realiza una determinada labor, cuando necesitamos realizar ese mismo trabajo en otro punto de nuestro programa, no es necesario volver a escribir el código sino que simplemente "llamamos" o "invocamos" la función creada previamente.

Las funciones tienen tres fases importantes en su ciclo de vida.

1º Declararlas. Se declara su "prototipo". Indicándole al compilador su valor de retorno, nombre y parámetros que espera recibir y usar.

2º Implementarlas. Donde se dice que operaciones lleva a cabo sobre los datos y que valor retorna.

3º Usarlas. En el código fuente del programa se invoca la función, pasándole variables que realmente está usando el programa y se obtiene un valor de retorno, si es el caso.

Declaración

Como se ha visto ya, en este lenguaje todo tiene que estar previamente declarado, y las funciones no son una excepción. Así pues, cuando utilizamos funciones que ya posee el propio lenguaje, tenemos que declararlas. Esto se hace usando los ficheros de cabecera, con extensión .h que se encuentran en el subdirectorio que se indica en el menú "Options – Directories – Include

Directories". Así nos evitamos tener que declarar nosotros cada función que usemos en nuestros programas y que ya posee el lenguaje.

La declaración de las funciones ha de hacerse al principio de cada archivo fuente que emplee la función. Por ello, un archivo de cabecera han de ser "incluido" en cada archivo fuente que utilice alguna de las funciones que se definen en él. Esto se hace mediante la directiva al preprocesador `#include <nombre_archivo.h>`

Si se trata de una función que hemos creado nosotros, tendremos que poner la declaración de esta función después de las directivas al preprocesador `#includes` y antes de la implementación de la función main. Otra forma de hacerlo es crearnos nosotros un archivo propio y darle el nombre que nos convenga con la extensión .h y dentro de este, poner la declaración de nuestra función; posteriormente incluir este nuestro archivo de cabecera como los otros, con lo cual nos ahorramos de escribir las declaraciones de nuestras funciones en cada archivo fuente. Solo tenemos que poner el `#include <nuestro_archivo.h>` allá donde toque.

Veamos ahora la sintaxis general de todo esto que se ha esquematizado mas arriba. La declaración de una función se realiza de la siguiente forma en general:

`tipo_ret NombreFuncion(tipo1 Nombre1, tipo2 Nombre2…);`

Comentemos esta forma de declaración.

`tipo_ret`
Indica el tipo de la variable que la función puede retornar. Por ejemplo un `int`, `char`, `float`, `double`, una dirección de alguna variable del tipo que sea, etc. Si la función no devuelve nada, el `tipo_ret` es la palabra reservada `void`

`NombreFuncion`
Es el nombre con el que llamaremos a la función cuando nos interese usarla. Todos los nombres en C tienen una serie de reglas para construirse y algunas limitaciones. Por ejemplo no esta permitido usar algunas palabras reservadas que ya existen en el lenguaje y se utilizan para cosas muy concretas. Poco a poco iremos viéndolas.

```
( tipo1 Nombre1, tipo2 Nombre2, … );
```

Entre paréntesis, a continuación del nombre de la función y terminado en un punto y coma, se tienen los parámetros de la función. Estos son los datos que la función recibe para realizar las operaciones pertinentes. Son declaraciones de los tipos de variables que la función espera recibir. Así, `tipo1` sería el tipo de variable que espera recibir como primer parámetro, `tipo2` el tipo de variable que espera recibir como segundo parámetro, etc. Una función puede tener el número de parámetros que creamos conveniente, desde 0 en adelante. Si una función no tiene parámetros, entre esos paréntesis se pone la palabra clave `void` .

El `Nombre1`, `Nombre2`, etc. que se le da a los parámetros no son variables de las que emplea el programa cuando se ejecuta, simplemente son nombres que se le da a los parámetros para que cuando posteriormente definamos como trabaja la función y qué operaciones realiza sobre los datos pasados como parámetros, podamos hacer referencia a ellos de alguna forma, a través de estos nombres.

Como hemos dicho antes, esta declaración ha de ponerse al principio de cada uno de los archivos fuentes donde vaya a ser utilizada y alternativamente puede ser puesta dentro de un archivo de cabecera y este ser incluido al principio de cada archivo fuente que la vaya a usar.

Implementación

Una vez hayamos declarado la función, sólo nos queda indicar como esta función trabaja. Para ello hay que "implementarla". Esto se hace en un archivo fuente con extensión .c y por supuesto la declaración de la función ha de estar al principio de este archivo.

La forma de implementar una función es la siguiente.

```
tipo_ret NombreFuncion(tipo1 Nombre1,tipo2  Nombre2,…)
{
      // Declaración de variables locales

      // Instrucciones
      return tipo_ret;
}
```

Como se ve, se repite la declaración de la función, pero sin el punto y coma final, y a continuación se abren llaves, indicando que aquí comienza la definición de qué hace la función. Esto termina con el cierre de las llaves, en la misma vertical. Al compilador de C le da igual cuantos espacios en blanco o tabuladores haya por medio, pero para que nosotros los humanos leamos mas fácilmente los archivos fuente es recomendable ser algo pulcros y metódicos a la hora de redactar nuestros códigos fuente.

Dentro de las llaves, lo primero que deberemos hacer es declarar las variables locales que se vayan a usar dentro de la función. Notar que los parámetros pasados a la función también se pueden considerar variables locales a la función, que ya han sido declaradas en el prototipo de la función. Estas variables locales pueden tener el nombre que nos convenga, incluso iguales que otras que haya en otra parte del programa, ya que sólo tiene relevancia dentro del código fuente de la función, entre las llaves que definen el trabajo de la función. Dentro de esta función, usaremos el nombre de los parámetros pasados, `Nombre1`, `Nombre2`, etc. para operar sobre ellos y tomar decisiones. Tengamos en cuenta que estos nombres de parámetros no son variables que existan en el programa, sino sólo referencias para indicar que hará la función cuando la usemos realmente con alguna variable que exista realmente y se la pasemos a la función.

Uso

El uso de las funciones que hemos creado, se realiza simplemente de la siguiente forma, por ejemplo como se indica ahora en este ejemplo que continua.

```
#include <stdio.h>        // 1 incluye la declaración de
// 2 muchas funciones estándar // 3 de entrada salida

int MiFuncion( char cCar, float fFlo ); // 4 declaración

int MiFuncion( char cCar, float fFlo )//5 implementación
{
        int iVarLocal;                  // 6

        iVarLocal = 0;                  // 7
        if( fFlo > 100.0 )              // 8
            iVarLocal = 1;              // 9
        if( cCar == 'a' )               // 10
            iVarLocal = 2;              // 11
        return iVarLocal;               // 12
}

int main()                              // 13
{
        char cLedio;                    // 14
        float fPrecio;                  // 15
        int iRes;                       // 16

        cLeido = 'b';                   // 17
        fPrecio = 125.3;                // 18
        iRes = MiFuncion( cLeido, fPrecio ); // 19 uso
        return iRes;                    // 20
}
```

Este es un ejemplo meramente didáctico, que no realiza ninguna operación realmente útil. Simplemente está pensado para ejemplificar la declaración, implementación y uso de las funciones.

En las líneas comentadas 1 a 3 se incluye el archivo de cabecera stdio.h, que usaremos frecuentemente, ya que en él se declaran muchas variables y tipos que se emplean comúnmente en el lenguaje.

En la línea 4 *declaramos* la función llamada MiFuncion, que devuelve un valor entero (int) y se le pasan dos parámetros, un char y un float.

En la línea 5 se realiza la *implementación* de la función declarada en 4. Esta implementación se puede realizar antes o después de la función main. Aquí lo hemos hecho delante. La

51

implementación comienza como se dijo antes con la apertura de llaves y termina con su cierre. Entre ellas se tienen las instrucciones que esta función realizará cada vez que sea llamada o invocada. Lo primero que hace esta función es crear una variable local, llamada `iVarLocal` de tipo entero, que no se puede usar en el main porque solo existe dentro de la función `MiFuncion`, fuera de esas llaves ninguna otra función la "ve". En la línea 7 a esta variable se le asigna el valor cero. En la línea 8 se compara el valor de la variable pasada como parámetro `fFlo` con el valor 100.0 y si es superior entonces en la línea 9 se le asigna a la variable local `iVarLocal` el valor 1. En la línea 10 se compara el valor de la variable pasada como parámetro `cCar` con el valor 'a' y si son iguales se asigna a la variable `iVarLocal` el valor 2 en la línea 11. Por último en la línea 12 la función retorna el valor asignado a la variable local `iVarLocal` y termina su ejecución. Con esto queda dicho las operaciones que realiza la función `MiFuncion`.

Después vemos que se tiene la función `main`. Dentro de esta función `main` lo que se tiene es lo siguiente. En las líneas 14, 15 y 16 se declaran tres variables de diversos tipos. En las líneas 17 y 18 se asignan valores a dos de estas variables. En la línea 19 se hace *uso* de la función `MiFuncion`, realizando una llamada a esta, pasándole como parámetros una copia del valor de las variables `char cLeido` y `float fPrecio`. El valor que la función retorna se asigna a la variable `iRes`. Nótese como concuerdan los tipos de las variables que se pasan y se esperan recibir en cada punto. Si en algún punto del programa nos equivocamos y pasamos un tipo de variable que no es el que se espera el compilador nos avisará. Por último en la línea 20 el programa retorna el valor almacenado en la variable `iRes`.

Una vez visto como declarar las funciones, implementarlas y usarlas de acuerdo a su declaración, se pueden plantear una serie de cuestiones. Por ejemplo ¿Que pasa si en la implementación de la función se altera el valor de uno de los parámetros pasados? ¿Alterará el valor de la variable que está fuera? La respuesta es: depende de cómo se haya declarado el parámetro de la función. Se su declaración. Esto indicará la forma de realizar el pase de esos parámetros a la función. Así en la función `MiFuncion` del ejemplo anterior, en la declaración se tenia:

```
int MiFuncion( char cCar, float fFlo );
```

Con esta declaración se dice que la forma de pasar los parámetros es por valor. O sea que se pasará una copia del valor de una variable de tipo `char` y una copia del valor de una variable de tipo `float`. Por tanto la función `MiFuncion` va a trabajar en la implementación que se haga de ella con valores que son copias. Por tanto, que dentro de la implementación de la función `MiFuncion` hagamos una modificación de estas variables, no afectará para nada a las variables de fuera. En el ejemplo, si entre la línea 11 y 12 introducimos la línea de código: `fFlo = 500;` que asigna a la variable `fFlo` el valor 500, como `fFlo` es un parámetro pasado como copia de la variable de fuera de la función `fPrecio`, `fPrecio` no se verá afectada, y se puede comprobar que en la línea 20 el valor de `fPrecio` seguiría siendo 125.3 y no 500.

¿De que forma se puede pasar una variable para que dentro de la función pueda cambiarse su valor y esto afecte a la variable de fuera de la función? Realizando la declaración de la función de forma que los parámetros se pasen por "referencia", o sea pasando las direcciones de las variables y no una copia de ellas. Para ello, en la declaración de las variable pasadas como parámetros a las funciones hay que incluir el carácter * que indica que lo que la función espera recibir es la dirección de una variable de ese tipo. Veamos el ejemplo anterior, pero pasando la variable de tipo `float` por referencia y no por valor.

```
#include <stdio.h>        // 1 incluye la declaración de
// 2 muchas funciones estándar
// 3 de entrada salida

int MiFuncion( char cCar, float *fFlo );// 4 declaración

int MiFuncion( char cCar, float *fFlo )//5 implementación
{
        int iVarLocal;                  // 6

        iVarLocal = 0;                  // 7
        if( *fFlo > 100.0 )             // 8
            iVarLocal = 1;              // 9
        if( cCar == 'a' )               // 10
            iVarLocal = 2;              // 11
        *fFlo = 200.0;                  // 12
        return iVarLocal;               // 13
}

int main()                              // 14
{
        char cLedio;                    // 15
        float fPrecio;                  // 16
        int iRes;                       // 17

        cLeido = 'b';                   // 18
        fPrecio = 125.3;                // 19
        iRes = MiFuncion( cLeido, &fPrecio ); // 20 uso
        return iRes;                    // 21
}
```

En este ejemplo hay algunas diferencias respecto al ejemplo anterior. En primer lugar en la declaración de la función MiFuncion ha aparecido un * entre el tipo de variable y el nombre de la variable que se espera como segundo parámetro en la función. Esto quiere decir que como segundo parámetro se espera la dirección de una variable de tipo float y que dentro de la función podemos hacer referencia a esta dirección con el nombre fFlo. En segundo lugar en la línea 8 se tiene un * delante del nombre de la variable fFlo que se pasa como parámetro. De forma análoga a lo visto en las variables de tipo puntero, como lo que se ha pasado es la dirección de una variable de tipo float, al poner el * lo que hacemos es acceder al valor de la variable cuya dirección se ha pasado y que tiene fFlo. O sea, en la dirección que fFlo tiene, hay un `float` y con el * accedemos a ese valor. Y en la línea 8 ese valor se compara con 100.0. Esta dirección que se pasa se puede ver cuál es cuando se use la función en la línea 20. En la línea 12 se tiene que se asigna el valor 200.0 a la variable que es apuntada por `fFlo`. Es decir, la variable `float` que es referida por la dirección guardada en `fFlo` se le asigna el valor 200.0.

Como con los punteros, el * delante del nombre permite acceder al valor de la variable apuntada. Por último, en la línea 20 se hace uso de la función. En este caso, como la función `MiFuncion` espera recibir una dirección como segundo parámetro, se le pasa la dirección de la variable `float` `fPrecio`, usando el &, que nos da la dirección de esa variable. Con todo esto, en la línea 19 `fPrecio` tiene el valor 125.3, pero en la línea 21 `fPrecio` tiene el valor 200.0 ya que dentro de la función se ha alterado su valor. Esto ha sido posible por que no le hemos pasado a la función una copia del valor de `fPrecio` como en el primer ejemplo, si no que le hemos pasado directamente su dirección y por tanto ha sido posible acceder a ella y cambiarla de valor.

Si tengo alguna variable que me interesa que pueda ser modificable por todas las funciones de mi programa en cualquier momento y sin necesidad de pasarla como parámetro en todas las funciones ni modificar los prototipos de las que ya tengo, ¿es posible?. Sí. Aunque no es una buena práctica esta que se pide, a veces es necesario. Lo más recomendable es hacer una buena planificación del programa y evitar que esto sea necesario. No obstante es posible que haya variables de visibilidad global. Para ello solo es necesario declarar estas variables justo antes y fuera de la función main. Estas variables así declaradas son accesibles por todas las funciones desde su interior. Hay que tener cuidado de todas formas en que si alguno de los nombres de parámetros que se emplean en la implementación de la función o alguna variable local declarada dentro de la función coincide en nombre con la variable global declarada fuera del main entonces no se verá la global, ya que entonces tendrá preferencia el nombre local, con lo que la variable global quedará enmascarada e inaccesible.

Por último, recordar que las funciones no dejan de ser un conjunto de instrucciones y que estas están en memoria y ocupan lugar. La dirección de memoria donde se encuentra una función viene dada por su nombre, al igual que las matrices. Por tanto es posible definir variables puntero cuyo contenido sea la dirección de memoria donde se encuentra una función.

10 FLUJO

Por flujo entendemos la forma en que se desarrolla y discurre el programa. Los programas se van ejecutando instrucción a instrucción hasta que llega su final por una instrucción explicita programada por el diseñador, por que el sistema operativo lo cree conveniente o por un error o excepción no controlada que aborta de forma anormal el programa.

Entre el momento en que es iniciado el programa y el que es terminado por alguna de las causas posibles, el programa va ejecutando instrucciones, llamando funciones, realizando toma de datos, salida datos y de resultados que pueden pasar a ser datos de entrada de nuevo, etc. Pueden producirse bucles en que se repite la ejecución de determinadas instrucciones, etc. A esto es a lo que llamamos en general el flujo del programa. Este fluir hay que controlarlo para conseguir los fines deseados por el programador. Para ello se tienen unas estructuras de control que permiten conseguir el objetivo fijado. Estas estructuras suelen estar compuestas por palabras reservadas del lenguaje que no pueden usarse como nombre de variables o funciones.

Como estructuras de control principales del flujo de un programa vamos a ver dos. La estructura de bifurcación y la de bucle.

Hay otras como la de salto incondicional a una instrucción de programa que no vamos a ver. Esto se debe a que su uso esta altamente desaconsejado por ser una practica poco clara a la hora de estructurar un programa y su funcionalidad puede ser suplida con las otras estructuras de control.

if

Como estructura de bifurcación vamos al ver el condicional y el conmutador. Hacen que el discurrir de un programa tome un camino u otro en función de algún criterio que se evalúa. El condicional tiene la forma general siguiente. Nótese que puede haber tantos `else` `if` como el compilador soporte:

```
if( expresión_evaludada )
{
      instrucciones
}
else if( expresión_evaluada )
{
      instrucciones
}
else
{
      instrucciones
}
```

En esta estructura, si la expresión_evaluada da como resultado un valor diferente de cero o valor lógico positivo, se ejecutan las instrucciones que hay entre las llaves que siguen y no se ejecutan ninguna de las instrucciones que hay en los otros else if o else final. Si la expresión_evaluada es cero o valor lógico negativo, las instrucciones entre las llaves inmediatas son obviadas y no ejecutadas pasándose a evaluar la expresión del siguiente else if, si es que existe, realizándose de nuevo el proceso. En caso de que no se ejecute ninguno de los grupos de instrucciones entre llaves del if o de los else if y se llegue al else final, este conjunto de instrucciones se ejecutará sin mas evaluaciones en caso de existir este else final, cosa que no es obligatoria..

El if es obligatorio (sino no habría estructura de control de flujo), pero los else if pueden no existir, haber uno o mas de uno. El else final puede estar o no, pero si existe solo puede haber uno (obviamente, ya que se ejecuta en caso de que ningún grupo de instrucciones entre llaves anteriores se haya ejecutado).

En el caso especial de que un conjunto de instrucciones entre llaves sólo conste de una instrucción, no es necesario poner las llaves. Recordemos que una instrucción acaba siempre en punto y coma.

Para la expresión_evaluada usaremos en muchas ocasiones los operadores lógicos que veremos más adelante, de comparación. También se pueden usar los valores devueltos por funciones o simplemente valores de variables.

switch

Otra estructura de control de bifurcación, aunque en este caso sea a mas de un camino posible, son los conmutadores. Ejecutan un conjunto de instrucciones dependiendo del valor evaluado en una expresión. Su estructura seria la siguiente:

```
switch( expresión_evaluada )
{
case valor_1:
      instrucciones
      break;
case valor_2:
      instrucciones
      break;
default:
      instrucciones
      break;
}
```

En esta estructura se evalúa la expresión que hay entre paréntesis y su valor, que ha de ser un entero, determina que conjunto de instrucciones se va a ejecutar. Cada uno de los case que hay entre las llaves del switch tiene un valor, que en el ejemplo pone valor_1 y valor_2 en dos case diferentes, que como se ha dicho deben ser número enteros o equivalente, de forma que si el valor de la expresión evaluada coincide con alguno de los case entonces se ejecuta al conjunto de instrucciones que le sigue hasta que se llega a un break; momento en que la ejecución del programa sale de switch. En caso de que no existiera ese break; cuando se ejecuta un conjunto de instrucciones después de que un case haya encajado en la expresión evaluada, se seguirán ejecutando instrucciones de los case siguientes aunque su valor no coincida con el de la expresión evaluada hasta que en algún momento se encuentre un break; o se llegue a la llave de cierre del switch. Si no coincide ninguno de los valores de los case con el de la expresión evaluada y existe la sección del default:, se ejecutaran las instrucciones que siguen después del default independientemente del valor de expresión_evaluada.

for

Veamos ahora las estructuras de control de flujo para repetición de acciones, o bucles. La primera es la estructura de bucle, `for`, que es importantísima. Su estructura general es la siguiente:

```
for( expresión_1; expresión_evaluada; expresión_2 )
{
    instrucciones;
}
```

La ejecución de esta estructura de control es la siguiente: cuando la ejecución del programa llega a esta línea, lo primero que se produce es la ejecución de `la expresión_1` que será normalmente una instrucción. Esta `expresión_1` no será ejecutada en ningún otro momento, solo la primera vez que se llegue a la instrucción `for`. A continuación se evalúa la `expresión_evaluada` de forma que si su resultado es diferente de cero o valor lógico positivo entonces se ejecutan las instrucciones que se encuentran entre llaves a continuación. En caso de ser cero o valor lógico negativo, no se ejecuta ninguna de las instrucciones del bloque entre llaves y se continua por la siguiente instrucción después de las llaves del `for`.

Si entre las instrucciones que hay entre las llaves del `for`, cuando se están ejecutando se encuentra la instrucción `break;` la ejecución de las instrucciones del bucle se detiene inmediatamente y la ejecución se transfiere o continua fuera de las llaves del `for` en que se encuentra esa instrucción `break;` .

Una vez llegado al final del bloque de instrucciones entre llaves, se ejecutan incondicionalmente las instrucciones de la `expresión_2` y a continuación se vuelve a evaluar el valor de `expresión_evaluada` volviéndose a proceder de igual manera que antes, ejecutando el bloque de instrucciones entre llaves si su valor es diferente de cero o valor lógico positivo o continuando fuera de las llaves del bucle `for` en caso contrario, y así sucesivamente.

Como se ve, hay dos formas de detener el bucle: una con una instrucción `break;` dentro del bloque de instrucciones dentro de las llaves del `for` mientras estas se ejecutan. Otra cuando la `expresión_evaluada` se evalúa a cero o valor lógico negativo, en cuyo momento se continúa por la siguiente instrucción fuera de las llaves.

Además cuando dentro de las instrucciones se encuentra la instrucción `continue;` la ejecución de instrucciones del bloque se detiene y se continua iniciando una nueva iteración del bucle, es decir, se ejecuta `expresión_2`, se evalúa la `expresión_evaluada` y si es diferente de cero o valor lógico positivo, se ejecutan las instrucciones del bloque, pudiéndose saltar de esta forma parte de las instrucciones del bloque del bucle.

while

Veamos dos tipos de bucles más. Son esencialmente iguales con la diferencia que en un caso puede que las instrucciones del bloque del bucle no se ejecute nunca y en el otro se ejecuten al menos una vez.

El bucle `while` tiene la siguiente estructura:

```
while( expresión_evaluada )
{
      // instrucciones
};
```

En este bucle, cuando la ejecución llega a él, se evalúa la `expresión_evaluada` y en caso de ser diferente de cero o valor lógico positivo se pasan a ejecutar las instrucciones del bloque que se encuentra entre llaves a continuación del `while`, el cual bloque termina con las últimas llaves y un punto y coma. Al igual que con el for, en caso de que una de las instrucciones de bloque sea `break;` la ejecución de las instrucciones del bloque se detiene, pasando a ejecutarse las instrucciones de fuera de las llaves y terminando el bucle y continuando. Como se puede ver, es posible que el conjunto de instrucciones del bloque del bucle no se ejecuten nunca si la primera vez que se llega a la `expresión_evaluada` su valor es cero o de valor lógico negativo. También se puede usar la palabra clave `continue` que opera igual que en el bucle `for`, volviendo a la `expresión_evaluada` del `while`.

do...while

El otro tipo de bucle es el do...while, cuya estructura es:

```
do
{
        // instrucciones
}while( expresión_evaluada);
```

En este bucle cuando el programa en su ejecución llega al do se procede a ejecutar el conjunto de instrucciones del bloque entre llaves a continuación del do. Una vez realizado, se evalúa la expresión_evaluada y si es diferente de cero o valor lógico positivo, se vuelve a ejecutar el bloque de instrucciones entre llaves. Al igual que en los otros bucles, si se encuentra la instrucción break; en algún punto, la ejecución de las instrucciones del bloque se detiene y el curso del programa continua en la siguiente instrucción después del while.

En los bucles while y do...while también se puede usar la sentencia continue cuyo comportamiento es análogo al que hace en el bucle for, la ejecución de instrucciones del bloque se detiene y pasa a evaluarse la expresión_evaluada, y si es el caso, se ejecuta una nueva iteración de las instrucciones del bloque del bucle.

Con estas estructuras tenemos suficiente para gestionar el flujo de cualquier programa. Hay variaciones y la implementación de estas por el compilador puede variar de unos a otros, pero par el propósito que nos guía es suficiente con esto.

11 OPERADORES

Presentamos ahora la lista de operadores del lenguaje C. Para obtener la descripción y uso de estos operadores, iremos viendo progresivamente diversos ejemplos, y se recomienda consultar la documentación del propio compilador. A ésta se puede acceder simplemente escribiendo en un archivo el operador y con el ratón pulsar sobre el operador con el botón derecho, se abrirá la pantalla de ayuda con la información relativa al operador en concreto.

Operador	Descripción
[ ]	Acceso a un elemento de matriz uni o multi dimensional.
( )	Agrupa expresiones para fijar la precedencia.
.	Acceso a un miembro de un objeto estructura.
->	Acceso a un miembro de un objeto estructura por la dirección de la estructura.
++	Incrementa en una unidad la variable. Puede realizarse el incremento antes o después de usar la variable en otra expresión dependiendo de si el operador va delante o detrás de la variable a incrementar.
--	Decrementa en una unidad la variable. Igual que ++ puede ser predecremento o postdecremento.
&	Da la dirección de la variable que antecede. También se usa para hacer un and de bit en valores binarios.
*	Da el valor de la variable apuntada por un puntero. También es la operación multiplicación.
+	Operación suma.
-	Operación resta.
~	Operación de bit complemento a uno.
!	Operación booleana de negación.
sizeof	sizeof() proporciona el número de bytes necesarios para almacenar el argumento.
/	Operación división.
%	Operación módulo. Es el resto de la división entre dos números enteros.
<<	Desplazamiento de los bits indicados a la derecha en la variable indicada a la izquierda hacia la izquierda.
>>	Desplazamiento de los bits indicados a la derecha en la variable indicada a la izquierda hacia la derecha.

<	Comparación de si la variable a la izquierda es menor que la de la derecha.
>	Comparación de si la variable a la izquierda es mayor que la de la derecha.
<=	Comparación de si la expresión a la izquierda es menor o igual que la de la derecha.
>=	Comparación de si la expresión a la izquierda es mayor o igual que la de la derecha.
==	Comparación de si la expresión a la izquierda es igual que la de la derecha.
!=	Comparación de si la expresión a la izquierda es distinta de la de la derecha.
^	OR exclusivo de bits.
|	OR inclusivo de bits.
&&	AND lógico
||	OR lógico
?:	Operador ternario a?b:c; Si a es cierto entonces se ejecutan las instrucciones de b si no se ejecutan las instrucciones de c.
=	Operador de asignación. Se asigna a la variable de la izquierda el valor de la derecha.
*=	La variable de la izquierda se multiplica por el valor de la derecha y el resultado se asigna a la variable de la izquierda.
/=	La variable de la izquierda se divide por el valor de la derecha y el resultado se asigna a la variable de la izquierda.
%=	Se halla el resto de dividir la variable de la izquierda por el valor de la derecha y el resultado se asigna a la variable de la izquierda.
+=	A la variable de la izquierda se le suma el valor de la derecha y el resultado se asigna a la variable de la izquierda.
-=	A la variable de la izquierda se le resta el valor de la derecha y el resultado se asigna a la variable de la izquierda.
<<=	Se desplazan tantos bits a la izquierda la variable de la izquierda como indica el valor de la derecha y el resultado se asigna a la variable de la izquierda.
>>=	Se desplazan tantos bits a la derecha la variable de la izquierda como indica el valor de la derecha y el resultado se asigna a la variable de la izquierda.

&=   Se hace un AND de bits entre los dos lados del operador y el resultado se asigna a la variable de la izquierda.

^=   Se hace un OR exclusivo de bits entre los dos lados del operador y el resultado se asigna a la variable de la izquierda.

|=   Se hace un OR de bits entre los dos lados del operador y el resultado se asigna a la variable de la izquierda.

,   Separa los argumentos de una función.

Directiva al preprocesador

Directiva al preprocesador

12 ESTRUCTURAS

Vamos a tratar aquí lo que se denomina estructuras. Son un tipo de variable, que engloba y agrupa a otros tipos de variables creando nuevos tipos de variables más complejos. Por ello se les llama también de tipo agregado. Los tipos de variables que ya hemos visto hasta ahora, están definidos por el propio lenguaje C en su nombre y rango de valores (lo cual depende de la cantidad de memoria, bits, que emplean). Las estructuras sin embargo son tipos de datos definidas por el usuario de forma que debemos decir cómo y por qué tipos de variables está formado y que nombre le damos a este nuevo tipo de variable estructura. Para emplear este nuevo tipo, es necesario declarar las variables con un nombre y después usarlas. No obstante, hay algunas estructuras que el lenguaje C utiliza y que define para su uso y el nuestro. Éstas las iremos viendo poco a poco.

Para manipular y usar una estructura, lo primero que debemos hacer es definirla. Esta definición no es lo mismo que la declaración de las variables de este tipo que luego también se tiene que realizar, sino que es la forma de indicar su "estructura" interna, o sea definimos qué plantilla tiene. Por ello, el mejor sitio para hacer esta definición es en un archivo de cabecera .h o bien al principio del archivo .c y fuera de la función main.

Una vez que hayamos definido nuestra estructura, podremos usarla, creando y declarando las variables que necesitemos, igual que declaramos las variables de tipo int, char, long, etc., que vamos a usar.

Por último, una vez que una estructura se tiene definida y tenemos una o varias variables de este tipo de estructura declaradas, se pueden emplear en nuestro programa, asignando valores a cada una de las variables miembro que componen la estructura.

Resumiendo, el uso de estructuras en un programa se hace en un proceso de tres fases, que son: definición de la estructura, declaración de variables de este tipo de estructura, uso de las variables de este tipo de estructura. En este sentido es parecido al empleo de funciones.

Definición

Veamos un ejemplo de cómo definir una estructura nueva:

```
struct Persona
{
    int iEdad;
    char acNombre[25];
};
```

Aquí hemos definido un nuevo tipo de dato llamado `struct Persona`. Y su definición nos dice que tiene un "miembro" llamado `iEdad` de tipo entero y otro miembro llamado `acNombre` de tipo matriz de caracteres o bytes. En este caso nuestra estructura solo tiene dos miembros, pero podemos crear estructuras de tantos miembros como queramos. Es importante el punto y coma después de la llave de cierre, no olvidarla.

Declaración

Una vez que tenemos la estructura creada, veamos como se declara una variable de este tipo. Supongamos que en nuestro programa vamos a usar una variable de este tipo para guardar los datos de un empleado de una empresa. En diferentes momentos del desarrollo del programa esta variable puede contener los datos de diferentes empleados.

```
struct Persona sEmpleado;
```

Con esta sentencia hemos "declarado" una variable del tipo `struct Persona` "definida" anteriormente.

Uso

Por último sólo nos queda usarla. En nuestro programa en un momento dado, nos puede interesar asignar a los miembros de esta variable los valores 25 para la edad y "Jose" para el nombre, con lo que esto se haría de la siguiente forma, a través del operador punto ".".

```
sEmpleado.iEdad = 25;
strcpy( &sEmpleado.acNombre, "Jose" );
```

Expliquemos un poco estas instrucciones. La primera es directa, se asigna el valor 25 al miembro de tipo entero iEdad de la estructura sEmpleado. La segunda instrucción es una función de la librería del lenguaje, strcpy . Esta función copia una secuencia de caracteres original dada cuyo principio está en la dirección pasada como segundo parámetro, en la dirección indicada como primer parámetro. De forma que aquí se pasa la dirección de la cadena "Jose", que es el segundo parámetro. El primer parámetro es la dirección (por eso se usa el &) del miembro acNombre de la estructura sEmpleado. El primer carácter de Jose, la J se copia en la primera dirección donde empieza sEmpleado.acNombre, la o de Jose se copia en la siguiente dirección de sEmpleado.acNombre a continuación de la J y así hasta la e. La cadena "Jose" inicialmente se almacena por el compilador en una zona de memoria poniendo un carácter '\0' al final después de la e, y la función strcpy al leer este carácter, también lo copia en el destino en la posición de memoria que le toque y deja de copiar. La función devuelve la dirección en donde empezó a copiar caracteres, que en este caso será &sEmpleado.acNombre . Con ello hemos rellenado los elementos de esta matriz de caracteres con los caracteres 'J','o','s','e','\0' . Sólo se han usado 5 de los 25 bytes de memoria reservada en esta variable miembro de la estructura.

Como esta función strcpy, perteneciente a la librería de funciones de C estándar, hay otras muchas funciones de tratamiento de cadenas y todas ellas emplean la convención de copiar o leer bytes de la cadenas hasta encontrar el carácter nulo '\0' que se interpreta como final de la cadena.

Ejemplo

Un ejemplo de programa donde se use esta estructura, puede ser el siguiente:

```
#include <stdio.h>                              //    1

struct Persona                                  //    2
{
    int iEdad;                                  //    3
    char acNombre[25];                          //    4
};


int main()                                      //    5
{
    struct Persona sEmpleado;                   //    6

    sEmpleado.iEdad = 25;                       //    7
    strcpy( &sEmpleado.acNombre, "Jose" );      //    8

    printf( "\nFicha  del  empleado:\nNombre:  %s\nEdad:
%d\n", sEmpleado.acNombre, sEmpleado.iEdad );   //    9

    sEmpleado.iEdad = 33;                       //   10
    strcpy( &sEmpleado.acNombre, "Antonio" );   //   11

    printf( "\nFicha  del  empleado:\nNombre:  %s\nEdad:
%d\n", sEmpleado.acNombre, sEmpleado.iEdad );   //   12


    return 1;                                   //   13
}
```

Ahora explicamos en que consiste este ejemplo. En la línea 1 se le indica al preprocesador que incluya en este archivo fuente el archivo stdio.h que pertenece a los ficheros de cabecera del lenguaje C donde se definen y declaran muchas funciones y estructuras propias de las librerías del lenguaje, correspondientes a operaciones de entrada salida estándares. En la línea 2 se inicia la definición de la estructura Persona. En la 3 y 4 se dicen qué miembros tiene esta estructura, se da el tipo y nombre. En la 5 se comienza la función main, en la 6 se declara una variable del tipo `struct Persona`, en la 7 y 8 se asigna valor a los miembros de esta estructura y en la línea 9 se presenta por pantalla los valores que tienen los miembros de la variable declarada en la línea 6. Se emplea la función `printf` que veremos con detalle en el próximo capítulo. En la línea 10 y 11 se vuelven a asignar nuevos valores a los miembros de la variable `struct Persona` que tenemos, `sEmpleado` y en la línea 12 se presentan estos valores nuevamente por pantalla. Por último en la línea 13 se devuelve el control al sistema operativo con el código de retorno 1.

Punteros a estructuras

Igual que se puede tener una variable puntero a cualquier tipo de variable, también se puede tener una variable puntero a una variable de tipo estructura que hayamos definido. Esta variable puntero por tanto tendrá como contenido la dirección de una variable de tipo estructura. Por ejemplo podemos definir una variable puntero que puede contener la dirección de una variable `struct Persona`.

```
#include <stdio.h>

struct Persona
{
    int iEdad;
    char acNombre[25];
};


int main()
{
    struct Persona sEmpleado1;
    struct Persona sEmpleado2;
    struct Persona * pAUnEmpleado;


    sEmpleado1.iEdad = 25;
    strcpy( &sEmpleado1.acNombre, "Jose" );
    sEmpleado2.iEdad = 33;
    strcpy( &sEmpleado2.acNombre, "Antonio" );

    pAUnEmpleado = &sEmpleado1;
    printf( "\nFicha  del  empleado:\nNombre:  %s\nEdad:
%d\n", pAUnEmpleado->acNombre, pAUnEmpleado->iEdad );

    pAUnEmpleado = &sEmpleado2;
    printf( "\nFicha  del  empleado:\nNombre:  %s\nEdad:
%d\n", pAUnEmpleado->acNombre, pAUnEmpleado->iEdad );

    return 1;
}
```

Esto se declara así:

```
struct Persona * pAUnEmpleado;
```

En esta instrucción, se declara un puntero a una variable que tiene tipo `struct Persona`. Por tanto en la variable de nombre `pAUnEmpleado` vamos a guardar la dirección de otra variable de tipo `struct Persona`.

¿Cómo guardaríamos esa dirección en este puntero?. Por ejemplo:

```
pAUnEmpleado = &sEmpleado1;
```

En el código fuente que se tiene en el programa ejemplo anterior, se presenta una forma de utilizar los punteros a estructuras.

Como teníamos una variable de tipo struct Persona llamada sEmpleado, podemos acceder a su dirección a través del & y este valor ponerlo en el puntero que teníamos declarado, "pAUnaPersona".

Como se puede observar, cuando tenemos un puntero a una estructura, para acceder al valor de las variables miembro de la estructura apuntada se ha de usar el operador "->" y no el operador "." que se usaba en el caso de tener la propia variable. Cuando lo que tenemos es la dirección de la estructura se emplea el operador -> y con el puntero lo que tenemos es precisamente eso, su dirección.

Por tanto, para acceder a la dirección de una variable miembro de una estructura de la cual tenemos el puntero (su dirección), se hará como siempre a través del operador "&" como siempre. Por ejemplo la dirección de la variable miembro iEdad de la estructura apuntada (tenemos su dirección) por pAUnEmpleado vendrá dada por &pAUnEmpleado->iEdad;

La potencia de todo esto se verá cuando se usen conjuntamente las estructuras, matrices (de estructuras), los bucles (para recorrer las matrices) y los punteros (que son los que apuntarán a cada elemento de las matrices sucesivamente) junto con asignación dinámica de la memoria. Entonces será posible procesar grandes cantidades de datos con muy pocas instrucciones. Lo veremos en ejemplos más adelante.

13 FLUJOS

Flujo se define como una forma de enviar datos de forma secuencial, seriada o en serie desde un origen de los datos a un destino de estos. Estos orígenes y destino son los dispositivos de entrada y salida del ordenador, como la pantalla, teclado, impresora, etc.

Flujos estándares se definen como aquellos que el lenguaje C pone a disposición del programador para enviar datos desde el programa a un destino. En C se tienen los flujos estándares siguientes:

stdin	Se reciben datos en el programa provenientes del teclado.
stdout	Se envían datos del programa a la pantalla.
stderr	Se envían datos correspondientes a errores del sistema desde el sistema operativo a la pantalla.
stdaux	Se reciben datos en el programa del puerto serie.
stdprn	Se envían datos del programa al puerto paralelo.

Estos flujos estándares pueden ser usados para enviar y recibir datos tal como se indica hacia o desde los dispositivos de entrada y salida.

Hay un conjunto de funciones de la librería estándar de C que realizan sus operaciones sobre estos flujos, de forma que los datos que le pasamos como parámetros a estas funciones son enviados a estos flujos y por tanto los dispositivos que se tienen conectados a ellos procesan esos datos y los presentan. En caso de las funciones que trabajan sobre los flujos de entrada, devuelven al programa los datos tomados del flujo de datos que el dispositivo de entrada (por ejemplo el teclado) ha procesado y enviado el flujo.

Veamos algunas de estas funciones. Para el flujo de salida, stdout, la pantalla, tenemos la función printf. Esta función tiene la peculiaridad de que acepta un número variable de parámetros. La declaración de esta función se encuentra en el archivo de cabecera .h llamado stdio.h . En este archivo se encuentran otras muchas funciones de entrada, salida y estructuras definidas para su manejo. Así, para usar esta función en nuestros programas deberemos poner al principio del archivo fuente .c donde la vayamos a usar la directiva al preprocesador: `#include <stdio.h>`

En `stdio.h` se puede ver para la declaración de la función:

```
int printf (const char *__format, ...);
```

Retorna un entero, que indica el número de caracteres que han sido impresos en la pantalla. En caso de error el entero devuelto corresponde al valor de `EOF` (End of file, fin de fichero).

En cuanto a los argumentos que se le tienen que pasar, se observa que el primer parámetro es un puntero (una dirección por tanto) a un carácter (`char`). El nombre que se le da a este parámetro es `__format` y no tiene mayor importancia. Esta función pues va esperar una dirección como primer parámetro. En la parte que correspondería al segundo parámetro se ven tres puntos suspensivos. Esto indica que los siguientes parámetros pueden ser variables en número y tipo y que la función los identificará en el momento de ser compilada. De hecho estos parámetros en número y tipo dependerán de lo que pongamos en el primero.

La función `printf` toma la dirección del primer parámetro que apunta a un byte y lee bytes consecutivamente empezando en este primer carácter hasta llegar a un carácter que sea valor cero en todos los bits, el carácter nulo. Todos los caracteres que hay entre la dirección pasada a la función y la dirección donde está el carácter de valor cero forman una cadena de formato de los caracteres que se van a imprimir.

Dentro de esta cadena de caracteres se pueden poner unas marcas de formato para indicarle a la función que estas marcas sean sustituidas por otro valor. Este valor se indica en la lista de parámetros variables que siguen al primer parámetro de la función.

Estas marcas de formato hacen que a la cadena de caracteres que se le pasa a la función como primer argumento se le denomine cadena de formato, pues representa un formato o plantilla en que han de sustituirse las marcas por los argumentos indicados en los restantes parámetros y generar la verdadera cadena de caracteres que será impresa en el flujo.

Veamos un ejemplo, y más adelante presentaremos los distintos tipos de marcas o formatos que se pueden emplear.

```
"Hola %s de %d años"
```

En esta cadena de formato se tienen las marcas %s y %d. Todas las marcas de formato comienzan con el carácter '%'. En este caso la marca %s indica que estos dos caracteres han de ser substituidos por otra cadena de caracteres cuya dirección origen está dada en el segundo argumento de la función printf. La marca %d indica que estos dos caracteres han de ser sustituidos por un número decimal dado por el tercer argumento de la función printf. De esta manera una llamada a la función printf siguiente:

```
char acNombre[25] = "Antonio";

printf( "Hola %s de %d años", acNombre, 33 );
```

daría como resultado en la pantalla la cadena:

```
Hola Antonio de 33 años
```

Habiéndose substituido %s por Antonio y %d por 33. Nótese que el segundo argumento ha de ser la dirección donde empieza la cadena y como acNombre es una matriz, su nombre corresponde a la dirección del primer elemento.

La estructura de las marcas de formato es la siguiente:

```
%[bandera][ancho][.decimales][modificador]tipo
```

Los campos entre corchetes indican que son opcionales. En el campo [bandera] se pueden indicar varias acciones sobre la salida, pero ahora sólo nos vamos a interesar por dos:
-       Si en la bandera aparece este signo, la salida es justificada a la izquierda, si no a la derecha, rellenando es espacio con caracteres de espacio en blanco o ceros hasta un número de caracteres indicado por el campo [ancho].
+   Si aparece, el número que se presente en la salida siempre irá con un signo positivo o negativo.

El campo [ancho] indica cuantos caracteres va a ocupar la salida. El campo [.decimales] indica con cuantos decimales de precisión se van a sacar los números. El campo [modificador] indica si la variable que se pasa como argumento es de tipo largo.

El tipo, puede ser uno de los siguientes:

d	decimal entero con signo
i	decimal entero con signo
o	octal entero sin signo
u	decimal entero sin signo
x	hexadecimal entero sin signo en `printf`, con signo en `scanf`
X	hexadecimal entero sin signo en `printf`, largo con signo en `scanf`
f	Número en coma flotante con forma: `[-]dddd.ddd`
e	Número en coma flotante con forma: `[-]d.ddd e [+/-]ddd`
g	Formato e o f según la precisión.
E	Igual que e pero se emplea la E como exponente.
G	Igual que g pero se emplea E como exponente.
c	Carácter simple.
s	Imprime caracteres hasta que encuentra un `'\0'` o lo indicado por `[.prec]` número de caracteres.
%	Imprime el carácter %
p	Imprime una dirección.
n	Almacena el número de caracteres escritos en la dirección apuntada por el argumento de entrada.

Así por ejemplo,

```
int iEdad = 22;
float fSueldo = 922.3845;

printf("A los %d gana %+7.2f Euros.", iEdad, fSueldo);
```

daría como resultado por pantalla:

```
A los 22 gana +922.38 Euros.
```

Por último, en las cadenas de formato también se pueden poner una serie de caracteres especiales no imprimibles para modificar la salida. Por ejemplo para hacer que se cambie de línea, se debe poner el carácter de escape '\n' ya que como no es imprimible este carácter, en el código fuente hay que emplear estos caracteres de escape para indicar nuestro deseo. Entre estos caracteres de escape están: '\r' retorno de carro o vuelta al principio de la línea, '\t' o inclusión de un tabulado.

Veamos ahora la función `scanf`. Esta función toma caracteres del flujo estándar de entrada y los coloca en la dirección de memoria donde se le indique, de acuerdo a la cadena de formato que se le indique, de forma análoga a como se hacen en `printf`, solo que en esta función es para entrada y en `printf` era para salida.

```
int scanf( const char* format, ... );
```

Al igual que `printf`, `scanf` tiene un número variable de argumentos. El primer argumento es una cadena de formato. Se pasa la dirección de su primer byte a la función, e indica el formato de lo que se espera recibir por el teclado. El uso de esta cadena de formato es análogo al que se hace en `printf`. En los argumentos que siguen al primero se indica la dirección de memoria donde almacenar cada uno de los campos escaneados y convertidos con el formato indicado. La función retorna un entero que corresponde al número de campos leídos, formateados y almacenados en las direcciones de memoria indicados en los argumentos dos y siguientes.

La función deja de leer cuando se ha pulsado un intro y entonces se procede a formatear y almacenar la información en las posiciones de memoria indicadas en los argumentos.

Por ejemplo:

```
char acNombre[25];
int iEdad;

int iVariablesLeidas;

printf( "Introducir el nombre: " );
iVariablesLeidas = scanf( "%s", acNombre );
printf( "Introducir la edad: " );
iVariablesLeidas += scanf( "%d", &iEdad );

printf( "Nombre: %s Edad: %d\n", acNombre, iEdad );
```

En este código se espera con `%s` una cadena de caracteres que se guardará una vez leída del teclado en la memoria, empezando en la dirección de `acNombre`. Después se leerá un entero, con `%d` del teclado y se almacenará en la dirección de memoria de `iEdad`, dado por `&iEdad`. Después de estas líneas, la variable `iVariablesLeidas` debe valer 2 pues deben ser dos los campos leídos.

14 DINÁMICA

Hemos visto como definir y usar variables para guardar nuestros datos. Estas variables están definidas de antemano en el programa, y el compilador y el sistema operativo conocen cuánta memoria usan e incluso dónde la van a situar. Pero en el mundo real, cuando realizamos un programa o aplicación, hay multitud de ocasiones en que no se sabe de antemano, cuando se está diseñando y programando el programa, cuántas variables vamos a necesitar o memoria van a usar. Para ello es necesario que tengamos un mecanismo que de forma dinámica, durante la ejecución del programa, se puedan crear nuevas variables del tipo que nos interese, empleando por tanto memoria que no se reserva por el compilador cuando se crea el programa, sino cuando se está ejecutando éste.

Para ello tenemos unas cuantas funciones de la librería del compilador de C que nos permite obtener memoria que se encuentra libre y no usada por el programa, y que podemos usar dinámicamente para nuestros propósitos de almacenar datos.

Asimismo, se tienen otras funciones para la liberación de esta memoria. Esto se debe a que cuando solicitamos memoria dinámica para guardar datos, esta memoria queda reservada y comprometida para nuestro programa y nadie mas la puede usar, y si nosotros no la liberamos cuando dejamos de usarla, como todo recurso, se puede agotar e incluso nuestro programa puede tener problemas para ejecutarse correctamente e interferir con otros si esta memoria queda ocupada y reservada.

En conclusión, cuando se da la situación de necesitar variables que se deben crear en tiempo de ejecución del programa, se deben usar las funciones de reserva de memoria dinámica y de liberación de esta reserva de memoria dinámica.

Para reservar memoria dinámica, en tiempo de ejecución, lo primero que debemos de saber es cuánta memoria vamos a necesitar. Después llamar a la función `malloc` diciéndole cuanta memoria necesitamos y ésta se encarga de tomarla del sistema operativo. Una vez que la tiene, `malloc` nos devuelve la dirección de inicio del primer byte de esta zona de memoria reservada para nosotros. Esta dirección la podemos guardar en una variable de nuestro programa, que será por tanto un puntero. Este puntero nos servirá para acceder a esta memoria y cuando hayamos terminado de usarla, deberemos llamar a la función free que se encargará de devolver esta memoria al sistema operativo para poder ser usada de nuevo por nosotros u otra aplicación.

Veamos un ejemplo practico que ilustre esto y quedará mas claro.

```
#include <stdio.h>


int main()
{
    int *pEdades = NULL;        // 1
    int iNumEdades = 0;         // 2
    int j = 0;                  // 3

    printf( "Cuantas edades se van a introducir? " );
    scanf( "%d", &iNumEdades );   // 4
    if( iNumEdades > 0 )          // 5
    {

    pEdades=(int*)malloc(iNumEdades*sizeof(int));//6
        if( pEdades == NULL )   // 7
        {
            printf( "Error reservando memória." );
            return 0;
        }
    }
    else
        return 0;

    j = iNumEdades;             // 8
    while( j-- )                // 9
    {
        printf( "Introducir una edad: " );
        scanf( "%d", pEdades+j );     // 10
    }

    printf( "\n%d Edades introducidas:\n", iNumEdades
);
    for( j = 0; j < iNumEdades; j++ )  // 11
        printf( "%d: %d\n", j,  *(pEdades+j) );// 12

    free( pEdades );            // 13

    return 1;
}
```

Expliquemos este código fuente. En este mini programa se presenta de forma básica como usar las funciones de reserva de memoria dinámica y su liberación. Se muestra como en tiempo de diseño, cuando se implementa el programa, no se conoce cuánta memoria para variables es necesario, pero en tiempo de ejecución, al ejecutarse el programa, se toma la necesaria y se utiliza.

En este programa se guardan unos datos introducidos por el usuario, que en este caso representan ser las edades de individuos, y posteriormente se imprimen por pantalla. Lo primero que se hace es preguntarle al usuario cuántas edades se van a introducir, entonces se reserva tanta memoria como sea necesaria para que se puedan introducir estos datos y a continuación se pregunta una a una por cada una de las edades y se guardan en la zona de memoria que ha sido reservada. Por fin se imprimen las edades que se han introducido accediendo a la dirección de memoria donde se encuentran guardadas. Para terminar, se libera la memoria que se reservó, para que otros puedan usarlas.

Veamos las instrucciones que nos interesan ahora. La sentencia // 1 declara una variable puntero que por tanto va a contener la dirección de otra variable. En este caso la variable a la que se apunta, o dicho de otra forma, la dirección de memoria que se va a guardar aquí va a corresponder a una variable de tipo entero (`int`). Además, aquí se inicializa a valor NULL, lo que equivale a poner todo ceros en los bits de esta variable y por tanto no apunta a ninguna variable inicialmente. La sentencia // 2 declara una variable de tipo entero y su valor inicial va a ser cero. La sentencia // 3 también declara una variable de tipo entero, que se va usar como variable muda dentro de los bucles, o variable de apoyo o auxiliar. También la inicializamos a cero.

En la sentencia // 4 se lee del teclado y lo introducido se va a convertir en un entero, por el `%d`, y este entero se va a guardar en la dirección de memoria donde empieza `iNumEdades`, por el `&iNumEdades`. En la línea // 5 se comprueba si el valor introducido para `iNumEdades` es mayor que cero. Si no es mayor que cero, se termina el programa. Si es mayor que cero, en el conjunto de instrucciones entre llaves que sigue, se reserva la memoria para poder guardar este número de enteros. De esta forma se tiene la línea 6 que reproducimos ahora:

```
pEdades = (int*) malloc( iNumEdades * sizeof(int) );
```

En esta sentencia se invoca a la función `malloc`. Esta función se encarga de reservar tantos bytes de memoria como se le indique en el primer argumento que se le pasa, que es un entero. Si se puede reservar esta cantidad de bytes de memoria, la función `malloc` retorna la dirección del primer byte de esta zona de memoria, que es un bloque continuo. Esta dirección la debemos guardar en una variable para poder usarla. Como dirección que es, deberemos guardarla en un puntero, como por ejemplo en la variable de nombre pEdades y de tipo int * o sea, un puntero que apunta a un entero (o secuencia de enteros consecutivos).

En nuestro programa sabemos que tenemos que guardar sitio para tantos enteros como el número que se ha guardado en la variable iNumEdades. Pero la función malloc quiere como argumento el número de bytes a reservar, y esto no tiene por que coincidir con el número de enteros a guardar, ya que cada entero puede que se tenga que guardar en mas de un byte. Por tanto para indicar cuantos bytes necesitamos, habremos de multiplicar el número de enteros que tendremos por el espacio que requiere cada uno de los enteros. Esto último se puede obtener empleando el operador sizeof que devuelve el número de bytes necesarios para guardar una variable del tipo que se pase como parámetro. En este caso sizeof(int) va a devolver el número de bytes que son necesarios para guardar una variable de tipo int. Esto multiplicado por el número iNumEdades nos dará el número de bytes necesarios para guardar los datos que nuestro programa necesita manipular. Por tanto a la función malloc le indicamos que reserve iNumEdades multiplicado por sizeof(int), que se le pasa como primer y único argumento.

La función malloc intenta reservar esta cantidad de memoria y si lo consigue, devuelve como se ha dicho, la dirección del primer byte de memoria. Esto no es en principio la dirección de ningún tipo en concreto, por lo que lo hace con el tipo void * . Esta dirección la guardamos en la variable puntero que teníamos declarada en nuestro programa, pEdades, pero pEdades si que tiene un tipo concreto, el int* , por que nosotros si que sabemos a lo que va a apuntar, que es un entero o matriz unidimensional de enteros uno a continuación del otro. Como el compilador comprueba en las asignaciones que los tipos de las variables sean iguales a ambos lados del símbolo igual, nos dará un error ya que a un lado se tiene una variable tipo int * y al otro una dirección de tipo void * . Para evitar este error, se emplea el operador de moldeado, que convierte el tipo void * en el tipo que nos interese. En este caso se emplea la expresión '(int *)' delante de la función malloc para moldear su retorno void * al tipo int * que es igual al de pEdades. Con esto el compilador verá que ambos son iguales y no dará error.

81

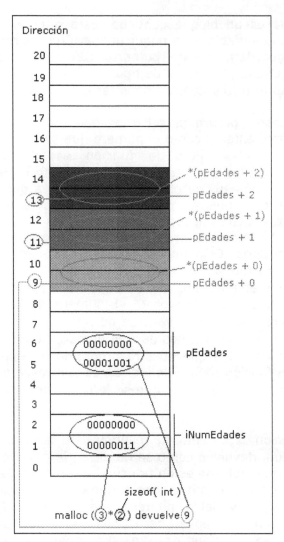

Ilustración 3. Asignación de memoria dinámica

En la figura anterior se presenta la situación de la memoria (las direcciones no son reales, son números puestos para que sea didácticamente inteligible) justo después de la invocación a la función `malloc` y antes de que se comience a rellenar los bytes de memoria reservados por ella.

Aquí en este ejemplo se puede ver también como se accede a cada una de los enteros para los que se ha guardado espacio de memoria por el `malloc` empleando la aritmética de punteros, con el `pEdades + n` , siendo n el elemento dentro de la matriz unidimensional de bytes que ha sido reservada por `malloc`. El n incrementa la dirección apuntada en tantos bytes como tamaño tenga el tipo de variable apuntada. Como en este caso se apunta a enteros, int, cada incremento apunta a dos bytes más arriba, que es el tamaño de un entero.

15 ARCHIVOS

Vamos a ver ahora cómo podemos programar el salvado y la recuperación de los datos que tenemos en memoria de nuestro programa.

Para ello el lenguaje C nos proporciona con su librería de funciones estándares un conjunto de utilidades para realizar esta tarea.

Vamos a emplear el sistema ANSI de salida de datos de nuestro programa para volcarlos a un archivo de disco duro. Con este sistema se emplean los denominados "flujos" que se vieron en un capítulo anterior. Este sistema permite separar al programador de la estructura hardware que hay debajo y a la que se accede a través del sistema operativo, al cual se realizan las peticiones usando las funciones de la librería de C y los flujos.

Para poder volcar información a los archivos y obtenerla de ellos, lo primero que debemos hacer es abrir un canal de comunicación con el archivo que nos interese. Después, guardamos u obtenemos los datos que necesitemos y finalmente cuando ya no sea necesaria la comunicación con él, se cierra el canal o flujo.

Ya vimos que al iniciar un programa se crean cinco flujos estándares de datos, asociados con la entrada salida hacia dispositivos periféricos. Estos flujos se tratan como si fueran archivos a los que se puede enviar datos y de los que se pueden recibir datos.

Vamos a ver ahora cómo crear, abrir, leer, escribir y cerrar un archivo de datos en el disco duro, a través de flujos que creamos para nosotros. Para gestionar toda la información necesaria en la comunicación entre nuestro programa y el archivo de datos a través del sistema operativo, se usa una estructura de datos ya definida en el lenguaje C y que se emplea en las funciones de librería, denominada FILE. Esta estructura se define en el archivo de cabecera del lenguaje stdio.h con la sentencia:

typedef struct FILE;

Donde la palabra clave `typedef` hace que la estructura que se define en ese archivo (unas líneas que aquí se omiten) se considere como un nuevo tipo definido por el usuario y que a partir de ese momento será el tipo `FILE`.

Para abrir un archivo o crearlo si no existe, se emplea la función `fopen` que tiene el prototipo:

```
FILE *fopen( char *nombre_archivo, char *modo );
```

Con esta función se le pide al sistema operativo que usando el "modo" indicando en el segundo parámetro se intente abrir o crear un archivo con el nombre indicado en el primer parámetro. Ambos parámetros son la dirección de un byte que corresponde a una cadena de caracteres acabada en un '\0'. Esta función devuelve la dirección de una variable tipo `FILE` que el propio sistema operativo creará y mantendrá hasta que cerremos el archivo y que servirá para realizar las operaciones que sean necesarias con el archivo. En caso de que no se pueda abrir o crear el archivo, esta dirección devuelta será `NULL`.

El "modo" en que puede ser abierto un archivo, indica cómo ha de operar el sistema operativo. Si ha de crearlo en caso de no existir, si se ha de tratar como un archivo binario o un archivo de texto (en este caso se realiza una conversión de caracteres, en lectura de CR-LF a LF y en escrituras de LF a CR-LF. CR: Retorno de carro, LF: Nueva línea), etc.

Veamos unos cuantos modos:

"r"   abre un fichero de texto para leer, no lo crea, debe existir

"w"   crea un fichero de texto para escribir, lo borra si existe.

"a"   abre un fichero de texto para escribir texto añadiéndolo, lo crea si no existe, solo escribe al final del fichero.

"rb",
"wb",
"ab"   Igual que los tres anteriores pero fichero binario no de texto.

"r+"   abre un archivo existente para actualizar, leer y escribir.

"w+"   crea un archivo para leer y escribir. Lo borra si existe.

"a+"   abre o crea para actualizar al final del fichero.

La dirección que devuelve la función `fopen` correspondiente a una estructura de tipo `FILE`, y debemos guardarla en nuestro programa, para pasársela a las funciones que deben manipular nuestro archivo, pues ella contiene los datos necesarios para acceder a él. Para guardar esta dirección, necesitaremos por tanto un puntero a una estructura de tipo FILE.

Una vez terminadas las operaciones con el archivo, se debe cerrar, para lo cual se emplea la función fclose. Si no se cierra un fichero se corre el riesgo de perder información. Esto se debe a que nosotros realizaremos las instrucciones de escribir en nuestro fichero pero el que realmente se encarga de terminar la operación es el sistema operativo. Si nuestro programa termina de forma abrupta puede que el sistema operativo no haya volcado toda la información en el archivo y esta se pierda. Para evitar eso debemos cerrar los archivos de forma ordenada. Bien por medio de la función fclose o si se termina el programa de forma imprevista, a través de la función exit(), pasándole a esta función exit un número entero como valor de terminación de nuestro programa que se le pasa al sistema operativo. Esta función exit cierra los archivos abiertos. No ocurre así si se emplea la función abort() que termina el programa sin cerrar los archivos abiertos y pudiéndose perder información por tanto.

La función fclose tiene de prototipo:

```
int fclose( FILE *fp );
```

donde se le pasa como argumento la dirección de memoria donde se tiene la estructura tipo FILE que fue devuelta por la función fopen. Devuelve 0 si todo ha ido bien y un valor distinto ante cualquier error.

La secuencia de instrucciones típica para abrir y cerrar un archivo puede ser por ejemplo la siguiente:

```
FILE *pMiFile;

if( !(pMiFile=fopen("mifile.dat", "w+")) )
{
    printf( "Error abriendo mifile.dat" );
    exit(1);
}
/*
    Operaciones de escritura / lectura
*/
fclose( pMiFile );
```

Como se ve en estas sentencias, el resultado de la operación `fopen` se guarda en la variable `pMiFile` que se declara previamente, comprobándose si es distinto de 0 para controlar que el fichero `mifile.dat` ha sido posible crearlo ("w+"). Al final, se pasa esta dirección guardada en `pMiFile` a la función `fclose` para que el fichero sea cerrado adecuadamente.

Veamos ahora las funciones que vamos a necesitar para escribir y leer del archivo. Para escribir un carácter (byte) en un archivo previamente abierto y del que tenemos la dirección de su estructura tipo `FILE`, se emplea la función `fputc`, cuyo prototipo es:

```
int fputc( int ch, FILE *fp );
```

El primer argumento es el byte a escribir, el segundo argumento es la dirección de la estructura tipo `FILE` que se devolvió en el `fopen`, la función devuelve un entero que es igual al primer argumento que se le pasó a la función. Para comprobar que no se ha producido ningún error es necesario llamar a las funciones `feof` y `ferror`, cuyos prototipos son:

```
int feof( FILE *fp );
int ferror( FILE *fp );
```

que devuelven cero si no se ha llegado al final del fichero (`feof`) y si no se ha producido error en la operación previa (`ferror`).

Para leer un byte del archivo se emplea la función `fgetc`, cuyo prototipo es:

```
int fgetc( FILE *fp );
```

Esta función devuelve el byte leído del archivo. Se debe comprobar con las funciones `feof` y `ferror` que no se ha producido un error de lectura.

En todos los casos, el punto donde esta lectura, escritura se efectúa depende en un primer momento de cómo se ha abierto el archivo. Si se ha empleado el modo r o w, el punto donde se comienza a leer – escribir es el principio del archivo, si se usa el modo a, se comienza en el final del archivo. Cada vez que se lee o se escribe, el punto de lectura – escritura avanza tantos bytes como se hayan escrito o leído, pudiéndose por tanto invocar sucesivamente la función de lectura para ir leyendo el archivo secuencialmente, e igualmente con la escritura.

Para escribir – leer una cadena de caracteres completa, acabada esta en `'\0'` como todas las cadenas de caracteres texto, se pueden usar las funciones:

```
int fputs( char *str, FILE *fp );
char *fgets( char *str, int n, FILE *fp );
```

La función `fputs` escribe en el archivo cuya estructura tipo es la indicada en el segundo argumento la cadena de caracteres cuya dirección de primer byte viene dada por el primer parámetro, hasta que encuentre un carácter `'\0'`. La función devuelve el número de bytes escritos.

La función `fgets` lee del archivo cuya estructura tipo es la indicada en el segundo argumento y los caracteres leídos son copiados secuencialmente empezando en la dirección indicada por el primer argumento, hasta que se encuentra un carácter nueva línea o hasta que se han leído n-1 caracteres, indicado este n por el segundo argumento pasado a la función. El retorno de la función es la dirección de memoria del primer byte donde se han copiado los bytes leídos del archivo.

También se pueden leer y escribir bloques completos de bytes, que es una operación más rápida que byte a byte vista antes. Para ello se tienen las funciones siguientes:

```
int fread(void *datos, int num, int cuantos, FILE *fp);
int fwrite(void *datos, int num, int cuantos, FILE *fp);
```

En `fread`, datos es la dirección del primer byte donde se va a comenzar a poner los bytes leídos, el `num` corresponde al tamaño del bloque de información leída y `"cuantos"` es el número de veces que se repetirá la operación de lectura cada una de `"num"` de bytes leídos. La función devuelve el número de veces que la operación de lectura se ha realizado correctamente, que si todo ha ido bien, debe coincidir con el tercer argumento pasado.

En `fwrite` se escribe en el archivo tantos bloques de datos indicados por `"cuantos"` de tamaño `"num"` cada uno de información que se encuentra en la dirección inicial indicada en el primer parámetro. Devuelve también el número de bloque escritos exitosamente.

Como se ha dicho antes, cada operación de lectura escritura se realiza allá donde se encuentre el punto de lectura escritura en ese momento. Podemos reposicionar este punto para ponerlo allá donde nos interese. La única limitación a ello es que no hayamos abierto el fichero en un modo en que únicamente podamos escribir al final del fichero, con lo cual no podremos posicionarnos en un punto intermedio y escribir en él.

Para posicionarnos en un punto del archivo se emplea la función `fseek`, cuyo prototipo es el siguiente:

```
int fseek( FILE *fp, long int posi, int origen );
```

donde se le pasa como primer argumento la dirección de la estructura tipo `FILE` correspondiente al archivo que estamos tratando, como segundo argumento el numero de bytes que se deben contar desde un punto de origen de referencia, y en el tercer parámetro se indica ese origen de referencia cual debe ser. Por ejemplo podemos decir 45 bytes desde el principio del archivo, o desde el final del archivo hacia atrás, o desde el punto actual hacia adelante (si es -45 hacia atrás).

El tercer parámetro que se le pasa a la función `fseek`, puede ser uno de los siguientes:

VALOR SIGNIFICADO

`SEEK_SET`	desde el principio del archivo.
`SEEK_CUR`	desde la posición actual.
`SEEK_END`	desde el final del archivo.

16 PILAS

Vamos a ver algunas estructuras para manejar los datos que vamos a necesitar en nuestro trabajo. Los datos que nuestros programa van a manejar se van a encontrar en variables, y cuando tengamos muchos datos, tendremos que organizarlos para poder acceder a ellos de forma cómoda y rápida.

Como estructuras de datos para acceder a nuestra información vamos a ver las colas y las pilas. El uso de estas estructuras lo iremos viendo en ejemplos posteriores y se verá la justificación de su existencia.

El primer tipo de estructura que vamos a ver es la pila. Una pila, como su nombre indica, es un tipo de estructura en el que se van introduciendo datos, apilándolos, y cuando se quieren recuperar se desapilan, obteniendo el dato que más recientemente ha sido introducido. En este tipo de estructura el que entró último sale primero. De ahí su denominación en programación: LIFO (Last In, First Out).

En las pilas se "apilan" objetos de datos de nuestra aplicación, que posteriormente iremos sacando ordenadamente tal como se introdujeron. Hay ejemplos de pila triviales basados en matrices que no vamos a considerar ahora. Los objetos que se introducen en la pila son objetos agregados o dicho de otra forma, objetos de tipo estructura. Esta estructura es necesaria para poder enlazar cada objeto que se mete en la pila con el último que ya estaba en ella y además contenga la información que apilamos. También vamos a usar implementaciones de pila que emplean memoria dinámica de forma que durante la ejecución de nuestro programa se podrán apilar nuevos objetos ocupando memoria a medida que vaya siendo necesaria y por otra parte se irán desapilando los objetos, liberando la memoria asociada a medida que no la necesitemos.

En las pilas se realizan básicamente dos operaciones: la inserción de nuevos objetos o elementos en la pila, y la extracción de los elementos de la cabeza. Veamos un ejemplo que contribuya a aclarar estos conceptos. En él se considerará una pila cuyos elementos estarán constituidos por estructuras cuyo dato interesante para nosotros será un número real, como puede ser el sueldo de un individuo. Veremos como apilar unos cuantos objetos que diga el usuario y luego veremos como sacarlos y presentar su proceso.

```c
#include <stdio.h>                              // 1
#include <alloc.h>                              // 2
#include <conio.h>                              // 3

struct Pila                                     // 4
{
  struct Pila *pl;                              // 5
  float fSueldo;                                // 6
};

int ApilaSueldo( struct Pila **pCab, float fS );// 7
float DesApilaSueldo( struct Pila **pCab );     // 8

int main()                                      // 9
{
    struct Pila *pCabeza = NULL;                // 10
    float fSueldo;                              // 11

    clrscr();                                   // 12
    do
    {
        printf( "Introducir un sueldo (0 para terminar): " );   // 13
        scanf( "%f", &fSueldo );                // 14
        if( fSueldo == 0 ) break;               // 15
        if( ApilaSueldo(&pCabeza, fSueldo)) break;// 16
    }while(1);                                   // 17
    printf( "\nSueldos introducidos... Desapilando:\n" );// 18
    while( pCabeza )                            // 19
        printf( "\nSueldo: %.2f", DesApilaSueldo( &pCabeza ) );  // 20
    return 1;                                    // 21
}
```

```
int ApilaSueldo( struct Pila **pCab, float fS ) // 22
{
    struct Pila *pNuevo;                        // 23

    pNuevo=(struct Pila *)malloc(sizeof(struct Pila));//24
    if( pNuevo == NULL ) return 1;          // 25
    pNuevo->pl = *pCab;                      // 26
    pNuevo->fSueldo = fS;                    // 27
    *pCab = pNuevo;                          // 28
    return 0;                                // 29
}

float DesApilaSueldo( struct Pila **pCab )      // 30
{
    struct Pila *pUl;                           // 31
    float fRes;                                 // 32

    pUl = *pCab;                                // 33
    if( pUl == NULL ) return 0;                 // 34
    fRes = pUl->fSueldo;                        // 35
    *pCab = pUl->pl;                            // 36
    free( pUl );                                // 37
    return fRes;                                // 38
}
```

Compilando y ejecutando este programa, introduciendo tres valores, la salida por pantalla puede ser la siguiente que se presenta a continuación.

```
Introducir un sueldo (0 para terminar): 12.3568
Introducir un sueldo (0 para terminar): 452.35
Introducir un sueldo (0 para terminar): 10
Introducir un sueldo (0 para terminar): 0

Sueldos introducidos... Desapilando:

Sueldo: 10.00
Sueldo: 452.35
Sueldo: 12.36
C:\EJER>
```

Expliquemos ahora las líneas del programa anterior. En las líneas 1, 2 y 3 se tiene una directiva al preprocesador para que incluya en el archivo intermedio, que será el realmente compilado,

92

los archivos de cabecera .h que se indican. Estos archivos de cabecera corresponden a declaraciones de funciones de librería del lenguaje C. stdio.h contiene declaraciones de funciones y estructuras relacionadas con las operaciones de entrada / salida del sistema. El archivo conio.h tiene declaraciones relacionadas con operaciones la consola de entrada / salida, la pantalla, el teclado, etc. El archivo alloc.h tiene declaraciones relacionadas con funciones de tratamiento de memoria, como por ejemplo la malloc o la free.

En las líneas 4, 5 y 6 se declara la estructura Pila. Aquí se da la plantilla de cómo está constituida esta estructura. Se comprueba que está constituida por dos miembros (variables de algún tipo). El primer miembro es una variable llamada p1 de tipo "struct Pila *", o sea es un puntero a una estructura de tipo Pila. Dicho de otra forma: esta variable contendrá la dirección de una estructura de tipo Pila. Fijarse en que estamos definiendo la estructura Pila y en su definición ya podemos tener una variable que contenga la dirección de una estructura de este tipo. El segundo miembro de esta estructura es una variable llamada fSueldo de tipo float, para guardar un número real que para nosotros va a representar el sueldo de alguien. Con esto hemos definido una nueva estructura, un tipo agregado, pues con el hemos agregado dos variables en un solo tipo. Ahora podemos declarar variables de este tipo y después usarlas.

En las líneas 7 y 8 se declaran los prototipos de dos funciones que vamos a crear. Estas funciones se van a encargar de realizar las operaciones de apilado y desapilado de elementos en nuestra pila. Las veremos con de talle al analizar sus líneas de implementación.

Detengámonos un momento a analizar como va a ser nuestra pila. Por lo que acabamos de ver, vamos a apilar objetos del tipo de estructura que acabamos de definir. O sea, vamos a apilar objetos de tipo "struct Pila". Cada elemento de la pila será un objeto de este tipo.

¿Cómo vamos a hacer referencia en nuestro programa a la pila?, Vamos a hacer referencia a la pila, teniendo localizado en todo momento la cabecera de la pila, o sea, el último elemento que se acaba de meter, o el metido mas recientemente. Lo vamos a localizar a través de una variable que contenga la dirección de comienzo de ese objeto mas recientemente introducido. Esto es: un puntero al objeto último puesto en la pila. Así, teniendo un puntero al último objeto introducido tenemos la cabeza de la pila y desde él se puede apilar uno nuevo o desapilar este último.

Además, cada elemento de la pila, como es un objeto del tipo struct Pila, tiene un miembro puntero a un objeto struct Pila, como se define en las líneas 4, 5 y 6. Cuando vayamos a introducir un objeto nuevo en la pila, este miembro del objeto que vamos a introducir lo vamos a usar para guardar la dirección del que hasta ese momento era la cabeza de la pila, ya que el que se introduce va a ser la nueva cabeza. Una vez introducido, la variable que estemos usando para localizar la cabeza de la pila la hacemos apuntar al nuevo objeto introducido (guardando en su valor la dirección de inicio del nuevo objeto). De esta manera cuando apilamos nuevos objetos, el nuevo objeto apilado tiene una referencia al anterior a través del miembro puntero que posee.

Para desapilar un objeto de la pila, se usa la variable que nos da la dirección de la cabeza de la pila, de esta dirección tenemos el objeto que hay que desapilar. Este objeto nos apunta en su miembro "struct Pila" al que antes que él había sido la cabeza. Por tanto, para desapilar el objeto de la cabeza lo que se hace es hacer apuntar la variable que apunta a la cabeza a la dirección que la actual cabeza tiene guardada como anterior cabeza en su miembro struct Pila *pl; Con esto la variable que apunta a la cabeza cambia al anterior objeto apilado.

En el gráfico siguiente se representa cómo se tiene esta variable que apunta a la cabeza de la pila y se va actualizando su valor guardado a medida que se van añadiendo objetos a la pila, y como se van haciendo apuntar el puntero de cada objeto introducido en la pila al anterior objeto cabeza de la pila. En el gráfico se ve la situación cuando se añade 1, 2 y 3 objetos a la pila.

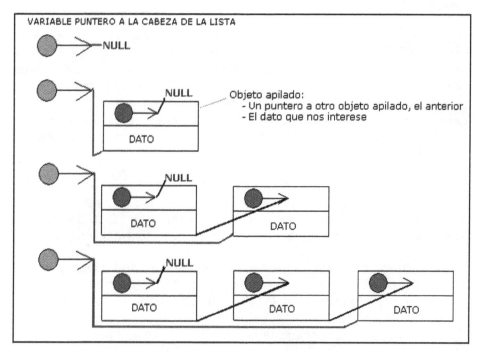

Ilustración 4. Listas

En la línea 9 comienza la función main. En la línea 10 se tiene la declaración e inicialización de la variable que va a apuntar a la cabeza de la pila y que se inicializa a NULL. Esto corresponde al gráfico anterior al esquema de más arriba, cuando aún no hay ningún elemento en la pila. Esta variable es un puntero a un objeto de tipo struct Pila. En la línea 11 se declara una variable float llamada fSueldo para guardar los valores introducidos por el usuario por la consola y posteriormente asignarle ese valor a los objetos que se apilarán en la pila.

En la línea 12 se utiliza la función de librería clrscr cuya labor es borrar la pantalla. El prototipo de esta función está declarado en el fichero de cabecera conio.h y de ahí su inclusión al principio del archivo.

A partir de la línea 12 y hasta la 17 se tiene un bucle while . En la línea 17 se tiene la sentencia de control del bucle while, que dice:

`while(1);`

esto implica que la condición de control del bucle, el 1, siempre es cierta o con valor lógico 1 y por tanto el bucle se ejecuta indefinidamente. Para salir de este bucle sin fin, en su interior debe existir una sentencia `break;` que permita al flujo del programa salir del bucle y continuar por la línea 18, o una sentencia `exit` o `abort` que termine la ejecución del programa. Efectivamente en la línea 15 y 16 se tienen comprobaciones en las que es posible que se termine el bucle sin fin.

Veamos el bloque de sentencias de este bucle `do...while`. En la línea 13 se pone en pantalla un texto pidiendo que se introduzca un valor para el sueldo, poniendo 0 para terminar. Esto de poner 0 para terminar es lo que va a servir para poder salir del bucle sin fin.

En la sentencia 14 se escanea la entrada de teclado y lo que se introduzca se convertirá en un valor `float` (por el `%f`) y ese valor se va a guardar en la variable de memoria cuya dirección viene dada por `&fSueldo`, o sea, el valor introducido se asignará a la variable `fSueldo` declarada como variable en la función `main`, en la línea 11.

En la sentencia 15 se comprueba si en la variable `fSueldo` se ha puesto un valor 0. Este valor viene de la entrada dada por el usuario. Si este valor es efectivamente 0, se ejecuta la sentencia del bloque del `if`, que en este caso por ser sólo una sentencia, la sentencia `break`, no se tiene entre llaves. La sentencia `break` hace salir del bloque de instrucciones del bucle `do...while`.

La línea 16 se ejecuta por tanto sólo si se ha entrado un valor distinto de cero por parte del usuario, ya que si es cero la sentencia 15 sale del bucle y la 16 ya no se ejecuta.

En esta línea 16 se tiene otra comprobación (`if`). En este caso se comprueba el valor devuelto por la función `ApilaSueldo` . Si la función devuelve un valor distinto de cero, se ejecuta la instrucción `break` correspondiente al bloque de sentencias del `if`, que como el anterior, por ser solo una sentencia no está entre llaves. Si el valor devuelto por la función es cero, no se ejecuta el `break` y se continua por la línea siguiente, 17.

En la línea 16 por tanto depende del valor devuelto por la función `ApilaSueldo` que el bucle de pedir datos al usuario continue o no. Por ahora nos bastará con saber que la función ApilaSueldo, que está definida en las líneas 22 a 29, devuelve 0 si se ha podido apilar un elemento en la pila y 1 si se ha producido un error de memoria y no se ha podido apilar. Por tanto se saldrá del bucle de petición de datos al usuario (líneas 13 a 17) si el usuario introduce un 0 o se produce un error de memoria al apilar el elemento. A la función ApilaSueldo se le pasan como argumentos la dirección de la variable donde se guarda la dirección del objeto que está a la cabeza de la pila y el valor de fSueldo para crear un nuevo objeto struct Pila para apilarlo en la pila.

En la línea 18 se imprime un texto en la pantalla, indicando que se van a presentar los sueldos introducidos. A esta línea se llega después de que se ha salido del bucle do...while de introducción de datos por parte del usuario.

En las líneas 19 y 20 se tiene un bucle para presentar los sueldos, que es la información nuestra en cada objeto apilado del tipo struct Pila, que se van a ir desapilando. Es un bucle while, cuya sentencia de control para ir iterando o ejecutando el cuerpo del bucle es simplemente comprobar el contenido de la variable pCabeza. Por tanto este bucle se irá ejecutando hasta que la variable pCabeza apunte a NULL, momento en que ya no se ejecutará más el bloque de instrucciones del while. Como este bloque de instrucciones solo tiene una instrucción, no se encierra entre llaves.

En la instrucción del bloque del while, en la línea 20 se tiene una sentencia que imprime por pantalla una cadena de texto formateada, donde se presenta un float con dos decimales de precisión ("%.2f"). Este valor float viene dado por el segundo argumento pasado a la función printf. En este caso este parámetro float es el valor devuelto por la función DesApilaSueldo. La función DesApilaSueldo devuelve como valor float el valor del miembro fSueldo (de tipo float) del elemento que está en la cabeza de la pila, apuntado por la variable pCabeza.

Por tanto a la función se le pasa como argumento la dirección de la variable pCabeza. ¿ Por qué se le pasa la dirección de la variable pCabeza y no el contenido que es la dirección del objeto apuntado por pCabeza, el elemento de arriba de la pila ? Pues porque en la función DesApilaSueldo además de retornar el valor del miembro fSueldo del elemento de la cabeza de la pila, se procederá a desapilar ese elemento y hacer que el elemento anterior a él sea la nueva cabeza de la pila, con lo que la variable pCabeza debe tener un nuevo valor y para poderlo modificar debemos poder acceder a su dirección y no solo a su valor, en cuyo caso no podríamos modificar.

Una vez ejecutada la función DesApilaSueldo, se retorna el valor de fSueldo del elemento que ha dejado de ser cabeza de la pila y se va desapilando elemento a elemento, haciendo apuntar pCabeza al elemento anterior, y el while del bucle comprueba que pCabeza no sea nulo. En cuanto se ha desapilado el último elemento de la pila, como se ve en el gráfico anterior, pCabeza apuntará a NULL y se termina el bucle while. Por último en la línea 21 se termina la ejecución de nuestro programa.

En líneas siguientes se presenta la definición de las dos funciones cuyo prototipo se tiene antes del main. En la línea 22 se comienza la implementación de la función ApilaSueldo. Esta función retorna un entero, siendo 0 si ha sido posible apilar un nuevo elemento en la pila y 1 si no ha sido posible. A la función se le pasan como argumentos, el primero, la dirección de una variable que contiene la dirección de otra de tipo struct Pila, esto es lo que se está diciendo con "struct Pila * * pCab". Como segundo parámetro se le pasa un float, que corresponde al valor que nos interesa y que es la información de usuario que se apila en la pila. A la función se le pasa la dirección del puntero a un objeto struct Pila ya que el contenido de este puntero, o sea la dirección a la que apunta, es preciso modificarla dentro de la función, ya que este puntero debe apuntar siempre al objeto que está en la cabeza de la pila y al apilar uno nuevo, este puntero debe apuntar al nuevo objeto apilado.

En la línea 23 se tiene la declaración de una variable que va a guardar la dirección de un objeto de tipo struct Pila. Esta variable se va a usar para guardar la dirección de memoria de inicio de una variable tipo struct Pila creada en memoria dinámicamente a través de una función malloc.

En la línea 24 se reserva una zona de memoria de tamaño el que tiene una estructura de tipo struct Pila (sizeof(struct Pila)). La dirección devuelta se guarda en el puntero pNuevo, con lo que a través de pNuevo podemos acceder a esta zona de memoria de tamaño adecuado.

En la línea 25 se comprueba que la función llamada en la línea 24 ha podido reservar esta memoria, ya que de no haber sido posible, habrá devuelto NULL. Si ha devuelto NULL, entonces se retorna un valor 1 y se termina la ejecución de instrucciones de esta función.

En la línea 26, y una vez que se ha comprobado en la 25 que la memoria necesaria para guardar una estructura struct Pila ha sido reservada, se realiza la asignación de valores a las variables miembro de esta estructura. Cuando se tiene la dirección de memoria de una estructura, para acceder a sus miembros, se emplea el operador -> . Así en esta línea 26 se accede a la variable miembro pl, que se va a usar para contener la dirección de memoria del objeto apilado que estaba en la cabeza antes de apilar este nuevo objeto. Esto es, a esta variable miembro se le debe asignar el valor que está contenido en la dirección de memoria pasado como primer parámetro que es precisamente la dirección del objeto que ahora esta en la cabeza.

En la línea 27 se asigna la variable miembro fSueldo del nuevo objeto struct Pila creado en memoria dinámica al valor pasado como segundo argumento a la función.

En la línea 28 se cambia la dirección a la que apunta el puntero cuya dirección se ha pasado como primer argumento. Se hace apuntar (se almacena en esa dirección de memoria) a la dirección de memoria del nuevo objeto creado dinámicamente.

Por último en la línea 29 se retorna 0 como indicación de que el objeto ha sido apilado correctamente.

Ésta es la situación que se da en el gráfico anterior después del apilado de cada elemento, reasignado el valor al que apuntan los punteros.

En las líneas 30 a 38 se implementa o define el funcionamiento de la función DesApilaSueldo. Esta función devuelve el valor de la variable miembro fSueldo del objeto que estaba en la cabeza de la pila y además quita este elemento de la pila, devolviendo la memoria dinámica que ocupaba y había sido reservada por ApilaSueldo y haciendo apuntar la variable que apunta a la cabeza de la pila al nuevo elemento que pasa a ser cabeza de la pila.

En la línea 30 se tiene que la función devuelve un `float` y se le pasa la dirección de una variable que guarda la dirección de otra variable de tipo `struct Pila`. Esto, igual que la función `ApilaSueldo` se debe a que al eliminar el objeto que ahora esta en la cabeza de la pila, se debe hacer apuntar al nuevo objeto que esta en la cabeza y por tanto se ha de pasar la dirección del puntero y no su valor (del puntero que guarda la dirección del objeto que esta en la cabeza).

En la línea 31 se declara una variable puntero. Va a guardar la dirección de una variable de tipo `struct Pila`. Se va a usar como variable auxiliar. En la línea 32 se declara una variable `float` para obtener el valor del la variable miembro `fSueldo` del objeto que ésta en la cabeza y posteriormente se va a devolver, una vez liberada la memoria de ese objeto y reapuntado el puntero a la cabeza de la pila.

En la línea 33 se guarda en el puntero auxiliar `pU1` la dirección de memoria que contiene la dirección de memoria apuntada por `pCab`, que corresponde a la dirección de memoria del objeto que está en la cabeza de la pila. Recordemos que el argumento de la función es la dirección de memoria del puntero que apunta (guarda) la dirección del objeto cabeza. Por tanto lo contenido en esta dirección es la dirección del objeto cabeza.

En la línea 34 se comprueba que este valor no es `NULL`, en cuyo caso se retorna un 0. Esto se da en el caso de que la pila está vacía.

En la línea 35 se asigna a la variable auxiliar `fRes` el valor de la variable miembro `fSueldo` de lo que hasta ahora ha sido el objeto de cabeza de la pila.

En la línea 36 se hace apuntar el puntero al objeto cabeza, cuya dirección nos han pasado como argumento, a la dirección del anterior objeto cabeza del actual. Éste anterior objeto cabeza ésta guardado en la variable miembro `p1` del actual cabeza.

En la línea 37 se libera la memoria del objeto cabeza que ya no es el actual por que en la línea 36 se ha hecho el actual objeto cabeza al que estaba apuntando el que ahora se va a borrar.

Por último en la línea 38 se devuelve el valor `float` de la variable `fRes` que se había recuperado del objeto que se ha desapilado y eliminado.

A continuación del código fuente del archivo fuente del programa se tiene un ejemplo de ejecución del programa, en que el usuario ha ido introduciendo valores, hasta tres, que han sido apilados sucesivamente y a continuación se hace el desapilado presentando obviamente en orden inverso de introducción los valores introducidos.

17 COLAS

Otro tipo de almacenamiento de datos que se emplean en los programas son las colas. En éstas los datos se van almacenando hasta que pueden ser procesados, siguiente el criterio de el primero que entra es el primero que sale (FIFO First In, First Out). No ocurre, pues, como en las pilas, en que el último que entra es el primero que sale.

A la hora de programar una cola se siguen algunos criterios parecidos a los ya vistos en las pilas. Se definen los tipos de datos que vamos a almacenar en la cola o encolar, normalmente como una estructura del tipo que deseemos. En esta estructura habrá un puntero a otro objeto de este mismo tipo, que servirá para guardar la dirección del objeto que anteriormente había sido la cabeza de la cola. Esto es igual que en el caso de la pila. Para encolar nuevos elementos se hará igual que con las pilas, pero para sacar los elementos, estos se sacarán recorriendo la cola hasta el primer elemento metido en ella y sacándolo de la cola, haciendo apuntar el puntero del segundo elemento en la cola a NULL, haciéndolo de esta forma el nuevo primer elemento.

Veamos un ejemplo de implementación de una cola dinámica. En este ejemplo se usará un puntero a la cabeza de la cola y su llenado será de forma análoga a lo visto en las listas. La diferencia está en cómo se van a desencolar los objetos encolados. En las listas se tomaba el elemento de la cabeza y se sacaba de la lista. Aquí, vamos a recorrer la cola desde la cabeza hasta llegar al elemento de la base, y aquí se quitará ese elemento y el siguiente elemento de la cola, si es que existe (pues puede ser el último), se hace apuntar el puntero al anterior a NULL, para hacerlo nueva base de la cola, con lo cual se sacarán elementos de la cola en el mismo orden en que se ha llenado.

```
#include <stdio.h>
#include <alloc.h>
#include <conio.h>

struct Cola
{
  struct Cola *pl;
  float fSueldo;
};

int EncolaSueldo( struct Cola **pCab, float fS );
float DesEncolaSueldo( struct Cola **pCab );

int main()
{
      struct Cola *pCabeza = NULL;
      float fSueldo;

      clrscr();
      do
      {
              printf( "Introducir un sueldo (0 para terminar):
" );
              scanf( "%f", &fSueldo );
              if( fSueldo == 0 ) break;
              if( EncolaSueldo( &pCabeza, fSueldo ) ) break;
      }while(1);
      printf( "\nSueldos introducidos... Desencolando:\n" );
      while( pCabeza )
              printf(   "\nSueldo:   %.2f",   DesEncolaSueldo(
&pCabeza ) );
      return 1;
}

int EncolaSueldo( struct Cola **pCab, float fS )
{
      struct Cola *pNuevo;

      pNuevo = (struct Cola *)malloc( sizeof(struct Cola) );
      if( pNuevo == NULL ) return 1;
      pNuevo->pl = *pCab;
      pNuevo->fSueldo = fS;
      *pCab = pNuevo;
      return 0;
}
```

```
float DesEncolaSueldo( struct Cola **pCab )
{
      struct Cola *pUlt;                        // 1
      struct Cola *pAnt;                        // 2
      float fRes;                               // 3

      pUlt = *pCab;                             // 4
      pAnt = NULL;                              // 5
      if( pUlt == NULL ) return 0;             // 6
      while( pUlt->pl != NULL )                 // 7
      {
            pAnt = pUlt;                        // 8
            pUlt = pUlt->pl;                    // 9
      };

      fRes = pUlt->fSueldo;                     // 10
      if( pAnt != NULL )                        // 11
            pAnt->pl = NULL;                    // 12
      else
            *pCab = NULL;                       // 13
      free( pUlt );                             // 14
      return fRes;                              // 15
}
```

Vamos a comentar sólo las líneas que se numeran en el programa anterior, ya que el resto son análogas a las del programa de listas o colas. Las líneas numeradas corresponden a la función de desencolado de elementos de la cola. Esta función es la que hace que se distinga una cola de una lista, ya que lo que distingue estas estructuras es la forma de sacar los elementos de la estructura. En el caso de la cola, lo que se debe hacer es buscar el elemento que se introdujo primero dentro de la estructura y sacarlo. Para ello, se recorre la estructura hacia atrás, usando los punteros que cada elemento tiene al elemento que era cabeza antes de ser añadido él y pasar a ser la nueva cabeza. Por tanto, siguiendo la cadena de estos punteros, y llegando hasta el final, o sea, aquel que apunta a NULL, se tendrá el elemento que está en la base de la cola y es el que tiene que ser desencolado. Esto se realiza haciendo que el elemento siguiente que se introdujo después de él, y que por tanto lo tiene como apuntado en su miembro pl, apunte a NULL. Por último, su valor almacenado en su miembro float fSueldo se devuelve como resultado liberándose la memoria dinámica que se utilizo para guardar sus datos.

Téngase en cuenta que es posible realizar otras implementaciones de las colas, utilizando por ejemplo dos punteros, que apunten respectivamente a la cabeza y a la cola. Otras en que se desencole un elemento sin necesidad de liberarlo y borrarlo de la memoria, etc. Esto se deja como ejercicio para practicar.

En la línea 1 se declara un puntero a una estructura Cola. Éste se va a usar para ir recorriendo toda la cola hasta llegar al último que es el que se introdujo primero en la cola ahora está en la base. En la línea 2 se declara un puntero a una estructura Cola que se va a usar para ir recorriendo la cola hasta llegar al elemento que apunta en su miembro pl al último. Es por tanto el elemento que se introdujo después del que va a ser desencolado ahora y pasará por tanto a ser el nuevo elemento de la base de la cola. En la línea 3 se declara una variable float que se va a usar para almacenar el valor que retornará esta función, proveniente del elemento que está en la base y que va a ser desencolado, en su miembro fSueldo. Como este elemento se eliminará físicamente de la memoria liberándola, debemos guardar una copia de su miembro fSueldo para poder retornarla.

En la línea 4 se copia la dirección guardada en la dirección del puntero pasada como argumento a la función en nuestro puntero pUlt. Así, inicializamos esta variable empezando en la cabeza de la cola para recorrerla a continuación.

En la línea 5 se inicializa el puntero pAnt a NULL ya que éste es el puntero que guardará la dirección del objeto que se introdujo después de que se apunta en pUlt. Como acabamos de hacer que pUlt guarde la dirección del elemento cabeza, todavía no hay ningún objeto introducido después.

En la línea 6 se comprueba que la cola no esté vacía. En cuyo caso, el parámetro pasado estará apuntando a NULL y esto se habrá puesto en pUlt y si se da, se retorna 0.

En la línea 7 se inicia el bucle para ir retrocediendo desde la cabeza de la cola hasta la base. En pUlt se va a ir guardando el elemento al que se apunta en cada momento y se va descendiendo. Por tanto se tendrá que parar la ejecución del bucle cuando el elemento apuntado tenga su miembro pl apuntando a NULL, es decir cuando es el elemento que está en la base y no había ninguno antes de que él fuera introducido en la cola. Por tanto se tiene que el criterio para ejecutar el bucle while sea el indicado en la línea 7.

En la línea 8 correspondiente al bloque del bucle, lo que se hace es asignar el puntero a pAnt al objeto que se apunta ahora mismo, que como se ha dicho antes tiene otro que había sido introducido antes.

En la línea 9 se hace apuntar pUlt al objeto que apunta el actual pUlt en su miembro pl, que en la instrucción 7 se comprobó que no era NULL y por tanto había uno previo al actual. Éste previo se hace actual con esta línea 9, y se vuelve a ejecutar la comprobación del bucle en la línea 7. Por tanto, cuando la comprobación sea falsa, en pUlt tendremos la dirección del objeto que está en la base de la cola y en pAnt el objeto que apunta en su miembro pl a este objeto base de la cola, o en su defecto, si sólo hay un objeto en la cola y por tanto no hay ninguno, pAnt apuntará a NULL.

En la línea 10 guardamos en la variable local float fRes el valor float del objeto de la base en su miembro fSueldo, ya que este objeto se va a desencolar y después a liberar de la memoria. Este valor se retornará posteriormente.

En la línea 11 se comprueba si pAnt es NULL, situación que se da si sólo había un elemento en la cola. Si hay más de un elemento en la cola, se hace que el elemento siguiente metido al de la base apunte ahora a NULL, ya que va a pasar a ser la nueva base de la cola.

La línea 12 se ejecuta si la 11 es cierta y se hace que el anterior elemento a la base en la cola pase a ser la base. Si la línea 11 es falsa, quiere decir que sólo había un elemento en la cola y por tanto al desencolarlo, la cola pasa a estar vacía. Por ello, se ejecuta la instrucción 13 que hace apuntar a NULL el puntero cuya dirección es pasada como argumento a la función.

En la línea 14 se libera por fin la memoria del objeto que se encontraba en la base de la cola, devolviéndose en la línea 15 el resultado.

Un ejemplo de ejecución de este programa, que muestra como la introducción y desencolado de los valores y elementos se produce se muestra a continuación.

```
Introducir un sueldo (0 para terminar): 1.22
Introducir un sueldo (0 para terminar): 2.33
Introducir un sueldo (0 para terminar): 3.44
Introducir un sueldo (0 para terminar): 4.55
Introducir un sueldo (0 para terminar): 0

Sueldos introducidos... Desencolando:

Sueldo: 1.22
Sueldo: 2.33
Sueldo: 3.44
Sueldo: 4.55
```

18 ORDEN

Vamos a ver uno de los algoritmos o procedimientos más usados para ordenar un conjunto de datos. Hay muchos algoritmos para realizar esta tarea, unos más triviales que otros, y en un amplio rango de velocidad para realizarla. El algoritmo que vamos a ver se denomina método rápido o **QuickSort**, ya que es muy rápido.

Los métodos triviales para ordenar una matriz, se pueden deducir o razonar como realizarlos o implementarlos. En cuanto a los métodos mas sofisticados de ordenación, se salen de los objetivos de este libro, de iniciación. No obstante vamos a presentar el indicado método de ordenación, para que el lector intente razonarlo. Es fácil modificar el ejemplo para que la ordenación se lleve a cabo con otro tipo de elementos.

En la función que se presenta para implementar el algoritmo se observará que en su cuerpo se invoca a ella misma, pasándole nuevos parámetros. Esto se denomina recursividad. Este tema también se sale del propósito de este libro, pero esta bien presentar su existencia. Baste decir que no todos los lenguajes soportan esta característica. Como se ve, consiste en que una función pueda llamarse a si misma.

La función que presentamos, tiene como primer parámetro la dirección de la matriz que contiene las direcciones de los elementos que se han de ordenar. Por tanto este argumento es del tipo puntero a punteros. El segundo y tercer argumento son los índices o posiciones de los elementos de la matriz entre los que se han de ordenar los punteros que contiene.

El primer parámetro es una matriz de punteros a cadenas. Por tanto, ordenando las direcciones de esta matriz, podremos acceder a los elementos que apuntan de forma ordenada.

Vamos a ver un ejemplo, en que se van a pedir una serie de cadenas de texto, nombres de personas, y estas se van a guardar dinámicamente en memoria. Todas las direcciones del primer byte de estas cadenas (o abreviadamente, la dirección de cada cadena) se van a guardar posteriormente en una matriz de direcciones con estas direcciones de cada cadena. Por último, esta matriz es la que se va a ordenar y se presentará por pantallas ordenadas alfabéticamente la lista introducida previamente.

Se presentan una serie de funciones de tratamiento de cadenas que se emplean comúnmente en los programas. Los explicaremos después de ver el código fuente del ejemplo. En el capítulo de vocabulario se explicarán un conjunto de funciones de diferentes usos que más a menudo se emplean en los programas a este nivel.

```
#include <stdio.h>
#include <conio.h>
#include <alloc.h>
#include <string.h>

void ordenar( char **matriz, int primero, int ultimo );

int main(int iNArg, char **pArg )
{
        char acBuffer[51];
        int iNumNombres = 0;
        int iNumLetras = 0;
        int iMaxNombres = 1;
        int j = 0;
        char **apNombres = NULL;
        char *apTmp = NULL;

        clrscr();
        memset( acBuffer, '\0', 51 );
        if( iNArg != 1 ) iMaxNombres = iNArg-1;
        apNombres=(char **)malloc(iMaxNombres*sizeof(char *) );
        if( apNombres == NULL )
        {
                printf( "No se puede reservar memória para los
nombres." );
                getch();
                exit(1);
        }

        if( iNArg == 1 )
        {
                do
                {
                        printf ( "Introducir un nombre (fin para
terminar): " );
                        scanf( "%s", acBuffer );
                        fflush( stdin );
                        if( strcmp( acBuffer, "fin" ) == 0 )
                                break;
                        iNumLetras = strlen( acBuffer );
                        if( iNumLetras <= 0 ) continue;
                        if( iNumNombres >= iMaxNombres )
                        {
apTmp=(char*)realloc(apNombres,(iMaxNombres+5)*sizeof(char*));
                                if( apTmp == NULL )
                                {
                                        printf( "No se puede reservar
                                        memória para nombres." );
```

110

```
                              break;
                    }
                    apNombres = (char **)apTmp;
                    iMaxNombres += 5;
                }
                apTmp                =            (char*)malloc(
1+iNumLetras*sizeof(char) );
                if( apTmp == NULL )
                {
                    printf( "No se puede reservar mas
memória para nombres." );
                    break;
                }
                strcpy( apTmp, acBuffer );
                apNombres[iNumNombres] = (char *)apTmp;
                iNumNombres++;
            }while(1);
    }
    else
    {
            for( j = 0; j < iNArg-1; j++ )
            {
                iNumLetras = strlen( pArg[j+1] );
                if( iNumLetras <= 0 ) continue;
                apTmp =
                (char*)malloc(1+iNumLetras*sizeof(char) );
                if( apTmp == NULL )
                {
                    printf( "No se puede reservar
memória para nombres." );
                    break;
                }
                strcpy( apTmp, pArg[j+1] );
                apNombres[iNumNombres] = (char *)apTmp;
                iNumNombres++;
            }
    }

    ordenar( apNombres, 0, iNumNombres-1 );

    printf( "\nNombres ordenados %d:\n", iNumNombres );
    for( j = 0; j < iNumNombres; j++ )
            printf( "%s\n", apNombres[j] );
```

```
            for( j = 0; j < iNumNombres;  j++ )
            free( apNombres[j] );
      free( apNombres );

      return 1;
}

void ordenar( char **matriz, int primero, int ultimo )
{
      register int i,j;
      char *pTem;
      char *pMedio = matriz[(primero+ultimo)/2];

      i = primero;
      j = ultimo;

      do
      {
            while( strcmp( pMedio, matriz[i] ) > 0 )
                  i++;
            while( strcmp( matriz[j], pMedio ) > 0 )
                  j--;
            if( i < j )
            {
                  pTem = matriz[i];
                  matriz[i] = matriz[j];
                  matriz[j] = pTem;
                  i++;
                  j--;
            }
            else if( i == j )
                  i++;
      }while( i <= j );

      if( primero < j )
            ordenar( matriz, primero, j );
      if( i < ultimo )
            ordenar( matriz, i, ultimo );
}
```

Vamos a comentar algunos elementos de este programa. Como se ve en la expresión de la función main se van a usar los argumentos que se pueden pasar desde la línea de comandos del sistema operativo. Nuestro programa de ordenar va a funcionar de dos forma, una empleando las palabras que se pasen desde la línea

112

de comandos, a continuación del nombre del programa al ejecutarlo, y otra, pidiéndonos el programa los nombres o palabras a ordenar sucesivamente.

El programa va a reservar memoria dinámica para cada uno de los nombres que se introduzcan. Primero se leen del teclado en un buffer (variable de almacenamiento temporal) y se copian en la memoria dinámica reservada. También se va a reservar memoria dinámica para una matriz que contendrá las direcciones de inicio de cada uno de los nombres introducidos. Esta matriz se inicializa con un tamaño de memoria dinámica para guardar 1 puntero en el caso de que no se pasen argumentos, o a un tamaño justo para guardar tantos punteros como nombres se hayan pasado desde la línea de comandos. En el caso de que el programa pida los nombres sucesivamente, cuando se necesite ampliar el bloque de memoria para esta matriz, se llamará a la función `realloc`, tal como se tiene en el ejemplo.

Una vez terminado de introducir los nombres, se pasa a ordenar la matriz que contiene las direcciones de las cadenas, con el algoritmo presentado en el programa. Tras la ordenación, se procede a imprimir las cadenas cuya dirección se tiene en la matriz, comprobándose que han sido ordenadas las direcciones de esa matriz de acuerdo al criterio alfabético creciente.

El último paso que se realiza es liberar la memoria dinámica que se tenia reservada para las cadenas y para la matriz que contenía las direcciones de esas cadenas.

19 VOCABULARIO

Vamos a enumerar ahora un buen número de funciones de la librería estándar de C, para que podamos usarlas. Consultar la propia referencia que se obtiene en el entorno de desarrollo para estas y otras funciones. Si se escribe el nombre de la función y con el ratón se pulsa sobre éste nombre con el botón derecho, se presenta la pantalla de ayuda con respecto a éste nombre. En ésta pantalla podemos enlazar con otras pantallas de ayuda, por ejemplo se tienen los nombres de los ficheros de cabecera .h, que al pulsar con el ratón sobre ellos, se presenta la lista de funciones que tienen su prototipo en este fichero, y a partir de ahí se puede pulsar sobre la función que deseemos para tener ayuda sobre él, y así sucesivamente podemos navegar por la ayuda del entorno de desarrollo.

```
int access( char *fichero, int modo )
```

Se encuentra definida en el fichero io.h

Esta función comprueba si el fichero cuyo nombre se tiene en una matriz de caracteres y su dirección se pasa como primer argumento, es accesible en el modo indicado de segundo argumento. Los modos posibles son:

0 el fichero existe
1 el fichero es un ejecutable
2 se puede escribir en él
4 se puede leer de él
6 se puede leer y escribir en él.

Si el fichero tiene el modo pedido, la función devuelve 0 sino −1 y la variable global errno se asigna a un valor ENOENT indicando que el camino o nombre de fichero no se ha encontrado o a un valor EACCES que indica que el acceso ha sido denegado.

```
int fclose( FILE *flujo )
int fcloseall(void)
```

Definidas en stdio.h

La primera cierra el archivo cuya estructura FILE de control se le pasa como argumento. La segunda cierra todos los flujos excepto los 5 que se abren automáticamente al ejecutar el programa.

```
int feof( FILE *flujo )
```

Definida en stdio.h
Comprueba si se ha alcanzado el final de un archivo. Devuelve 0 si no se ha alcanzado y distinto de cero si se ha alcanzado.

```
int ferror( FILE *flujo )
```

Definida en stdio.h
Comprueba si se ha producido un error de lectura en el archivo cuya estructura de control FILE se le pasa como argumento. Devuelve 0 si no hay error y distinto de cero si se ha producido un error.

```
int fflush( FILE *flujo )
```

Definida en stdio.h
Se actualiza el fichero con los datos de la memoria intermedia si es un flujo de salida. En los de entrada, se borra la información de esta memoria intermedia. Un valor distinto de cero en el retorno indica que se ha producido un error.

```
int fgetc( FILE *flujo )
```

Definida en stdio.h
Lee un carácter del flujo indicado a partir de la posición actual y es devuelto como un entero. Devuelve EOF en caso de llegar al final de fichero.

```
int fgetchar(void)
```

Definida en stdio.h
Es equivalente a la función fgetc(stdin)

`char *fgets(char *cadena, int un, FILE *flujo )`

Definida en `stdio.h`
Lee hasta `un - 1` caracteres o hasta que se encuentra un carácter nueva línea o `EOF` desde el `flujo` indicado y lo leído se copia en la matriz de caracteres cuya dirección se pasa como primer parámetro. Al final de copiar los caracteres se pone un carácter mas: `'\0'` (nulo) que termina la `cadena` de caracteres. Devuelve la dirección de donde se ha empezado a copiar los caracteres leídos o `NULL` si ha habido algún error.

`FILE *fopen( char *fichero, char *modo )`

Definida en `stdio.h`
Abre un `fichero` cuyo nombre se pasa como primer parámetro, devolviendo la dirección de una estructura de control `FILE` para su uso en sucesivas llamadas a otras funciones o `NULL` si no se ha podido abrir el fichero en el `modo` solicitado. Los modos se pueden ver en el capítulo dedicado a archivos o en la función `access`.

`int fprintf(FILE *flujo, char *formato, varios_argumens)`

Definida en `stdio.h`
Escribe los argumentos indicados en el tercer parámetro según el formato indicado en el segundo parámetro en el `flujo` indicado en el primer parámetro. Para una explicación mas detallada de cómo funciona y emplea funciones con formatos y argumentos variables, ver la explicación de `printf` en el capitulo dedicado a los flujos.

`int fputc( int carácter, FILE *flujo )`

Definida en `stdio.h`
Escribe el `carácter` indicado en el `flujo` indicado. Devuelve el `carácter` escrito o `EOF` si se da algún error.

```
int fputchar( int carácter )
```

Definida en `stdio.h`
　　Es equivalente a `fputc( carácter, stdout );`


```
int fputs( char *cadena, FILE *flujo )
```

Definida en `stdio.h`
　　Escribe el contenido de la `cadena` cuya dirección se pasa en el primer argumento en el flujo indicado. La escritura se detiene al hallar el carácter nulo, `'\0'`. Devuelve 0 si no hay errores.


```
int fscanf( FILE *flujo, char *formato, argumentos )
```

Definida en `stdio.h`
　　Tiene un funcionamiento análogo a `scanf` solo que los datos son leídos y formateados procediendo del flujo indicado.


```
long ftell( FILE *flujo )
```

Definida en `stdio.h`
　　Devuelve la posición donde se encuentra actualmente el punto en que se realizaran las lecturas – escrituras en el flujo indicado. Devuelve –1L si se produce algún error.


```
int getc( FILE *flujo )
```

Definida en `stdio.h`
　　Devuelve un carácter del flujo indicado. Si hay error devuelve `EOF`.


```
int getch(void)
int getche(void)
```

Definida en `stdio.h`
　　`getch()` devuelve el carácter leído del teclado sin eco en pantalla y `getche()` con eco en la pantalla.

`char *gets(char *destino )`

Definida en `stdio.h`

Lee del teclado caracteres y los almacena en la matriz cuya dirección de inicio se pasa como argumento, hasta que se reciba un carácter nueva línea o un `EOF`. El carácter de nueva línea no se pondrá y en su lugar se pondrá un nulo. Si no hay errores devolverá la dirección pasada en el argumento. No comprueba que se pueda producir un desbordamiento de la memoria usada, más allá del sitio disponible.

`int putc( int caracter, FILE *flujo )`

Definida en `stdio.h`

Escribe en el `flujo` indicado el `caracter` indicado. Devuelve el `caracter` escrito si no se dan errores.

`int puts( char *cadena )`

Definida en `stdio.h`

Escribe la `cadena` indicada en la `stdout` que normalmente es la pantalla.

`int remove( char *archivo )`
`int unlink( char *archivo )`

Definida en `stdio.h`

Borra el archivo indicado. Devuelve 0 si todo fue bien o −1 en caso de error.

`int rename( char *antes, char *nuevo )`

Definida en `stdio.h`

Cambia el nombre de un archivo. Devuelve 0 si no ha habido errores.

```
int sprintf( char *buffer, char *formato, argumentos )
```

Definida en stdio.h
   Trabaja como printf solo que los caracteres formateados se imprimen en una matriz de caracteres cuya dirección se pasa como primer parámetro.

```
int sscanf(char *buffer, char *formato, argumentos )
```

Definida en stdio.h
   Trabaja como scanf solo que la lectura se realiza sobre un buffer.

```
int isalnum( int carácter )
```

Definida en ctype.h
   Devuelve distinto de cero si el carácter dado como argumento es una letra del alfabeto, mayúscula o minúscula o un dígito del 0 al 9, sino devuelve cero. Al igual que esta función para comprobar el tipo de carácter que se da, hay otras muchas que comprueban distintas cosas, por ejemplo, si es un carácter solo alfabético, otras si es sólo un dígito, otras si es un carácter de control, etc. Para ver cuales son, consultar las funciones definidas en el fichero de cabecera ctype.h

```
void *memcpy( void *destino, void *origen, unsigned num )
```

Definida en string.h y en mem.h
   Copia el numero de caracteres num desde al matriz origen en la matriz destino. Devuelve un puntero a destino.

```
void *memset( void *buffer, int carácter, int número )
```

Definida en string.h y en mem.h
   Pone el carácter indicado en el número de bytes indicados en el tercer parámetro, empezando en la dirección de memoria del buffer.

```
char *strcat( char *cadena1, char *cadena2 )
```

Declarada en `string.h`

      Concatena una copia de `cadena2` a `cadena1` y añade un carácter cero al final. Devuelve la dirección de `cadena1`. No comprueba que `cadena2` cabe a continuación de `cadena1`. No se modifica `cadena2`.

```
char *strcmp( char *cadena1, char *cadena2 )
```

Declarada en `string.h`

      Comprada dos cadenas terminadas en cero. Devuelve un entero menor que cero si `cadena1` es menor que `cadena2`, cero si son iguales y un entero mayor que cero si `cadena1` es mayor que `cadena2`.

```
char *strcpy( char *cadena1, char *cadena2 )
```

Declarada en `string.h`

      Copia el contenido apuntado por `cadena2` en `cadena1`. Se copia hasta que se halla el cero de terminación de `cadena2`. `cadena1` y `cadena2` no deben solaparse.

```
unsigned *strlen( char *cadena)
```

Declarada en `string.h`

      Devuelve la longitud de la `cadena` acabada en cero cuya dirección de inicio se pasa como argumento.

```
char *strlwr( char *cadena )
```

Declarada en `string.h`

      Pasa a minúsculas los caracteres de la `cadena`.

```
char *strrev( char *cadena )
```

Declarada en `string.h`

      Invierte la `cadena` pasada como argumento, manteniendo el nulo al final.

```
char *strupr( char *cadena )
```

Declarada en `string.h`
  Pasa a mayúsculas los caracteres de la `cadena` pasada como argumento.

  Hay otras funciones para manipular cadenas que aquí no se han relacionado. Consultar la documentación del compilador en el entorno integrado para tener la lista completa.

```
void getdate( struct date *fecha)
void gettime( struct date *hora)
```

Definida en `dos.h`
  Asignan a la estructura cuya dirección se pasa como argumento los valores de fecha y hora del sistema operativo dos.

```
double atof( char *cadena )
```

Definida en `math.h`
  Convierte la `cadena` cuya dirección se pasa como argumento a double. Si hay error la función devuelve 0.

```
int atoi( char *cadena )
```

Definida en `stdlib.h`
  Convierte la `cadena` cuya dirección se pasa como argumento a un entero. Devuelve 0 si hay algún error.

```
long atol( char *cadena )
```

Definida en `stdlib.h`
  Convierte la `cadena` pasada a `long`. Devuelve 0 si hay algún error.

  Obviamente la librería de funciones de C es mucho más extensa. Se tienen funciones matemáticas, de salida por pantalla en modo gráfico y manipulación de texto, de control del sistema, de control y acceso a ficheros del dos, etc. Todas estas funciones y sus ficheros de definición de cabecera, .h se pueden consultar en la ayuda del entorno integrado.

A modo de referencia, se lista a continuación los ficheros de cabecera y el trabajo que desempeñan en general las funciones definidas en ellos, para así poder ir a la ayuda del entorno integrado y ver cuales son exactamente las funciones disponibles, su sintaxis y uso.

alloc.h	Funciones de manejo de memoria dinámica
assert.h	Se define la macro assert
bios.h	Funciones del BIOS
conio.h	Manejo de la pantalla en modo texto
ctype.h	Manipulación, conversión y tipo de caracteres
dir.h	Funciones de manejo de directorios
dos.h	Funciones del sistema operativo dos
errno.h	Se definen los códigos de error y textos asociados
fcntl.h	Constantes de entrada – salida de unix
float.h	Constantes para funciones de coma flotante
graphics.h	Funciones gráficas
io.h	Funciones de entrada – salida de unix
limits.h	Definición de las constantes de capacidades del sistema
math.h	Funciones matemáticas
mem.h	Manipulación de memoria
process.h	Ejecución y control de procesos y programas
setjmp.h	Funciones para saltar entre funciones durante ejecución
share.h	Funciones para compartir archivos
segnal.h	Constantes para funciones signal y raise
stdarg.h	Para funciones de argumentos de longitud variable
stddef.h	Definición de diferentes tipos de datos
stdio.h	Funciones de entrada – salida por flujos
stdlib.h	Funciones, constantes y macros diversas
string.h	Manipulación de cadenas terminadas en nulo
time.h	Fecha y hora del sistema
values.h	Constantes para sistemas unix
SYS\stat.h	Constantes de apertura y cierre de archivos
SYS\timeb.h	Para usar la función ftime y la estructura timeb
SYS\types.h	Se define el tipo time_t y otros relacionados.

20 PROYECTOS

Vamos a explicar brevemente como desarrollar un programa para el que no sea práctico usar sólo un archivo fuente, y tengamos que partirlo en varios. Esto se da cuando empieza a ser extenso el programa. También ocurre cuando cada archivo fuente se destina a realizar alguna tarea concreta, y sobre todo cuando hay un equipo de desarrolladores, cada no de los cuales realiza una parte del desarrollo en sus archivos fuente.

Para desarrollar un proyecto en varios archivos fuente, debemos decirle al entorno integrado que esos varios archivos corresponden al mismo proyecto y que cuando le pidamos que compile (y enlace) los archivos para tener el ejecutable final, sepa cuales son los archivos que tiene que compilar, generando para cada uno un archivo .obj y después tomar todos estos .obj y enlazarlos en un solo .exe.

Vamos a ver luego como se soluciona el problema de hacer que una variable declarada en uno de los archivos fuente, como global, sea accesible desde otro archivo fuente sin declararla de nuevo, en cuyo caso seria una variable nueva, no la misma.

Cerremos todas las ventanas que se tienen en el entorno integrado de desarrollo. Vamos a crear un archivo proyecto, en el que vamos a ir incluyendo los archivos fuente para compilar. Una vez cerradas todas las ventanas, seleccionamos la opción "Project" del menú. Se presenta una ventana en la que buscaremos el directorio en que vayamos a desarrollar nuestro proyecto y tengamos los archivos fuentes. Una vez allí, ponemos en el cuadro de edición de texto cuya etiqueta es "Load Project File" el nombre que vaya a tener nuestro proyecto, que normalmente será el nombre del fichero .exe que se genere. Pulsamos el botón de OK. Con esto, se abre en la parte inferior de la pantalla una ventana con una lista, que ahora estará vacía, donde aparecerán los archivos fuente que vayamos incluyendo.

Cuando esta ventana está activa, en la línea inferior de la pantalla nos aparece una ayuda de las teclas que podemos usar con esta pantalla y su funcionalidad. Así, para introducir en el proyecto un archivo fuente, la tecla "Ins" de insertar, nos presenta una ventana para que busquemos el archivo .c que nos interese y pulsemos entonces el botón "Add". Una vez añadido un fichero, se vuelve a presentar la pantalla para que repitamos la operación introduciendo tantos archivos como deseemos. Cuando hayamos terminado de poner archivos fuente .c en la lista, pulsamos el botón "Cancel". Con esto tendremos la lista de archivos fuente que van a ser compilados sucesivamente y a continuación enlazados para producir un archivo .exe.

Cuando se haya terminado de poner todos los archivos en la lista del proyecto, podemos seleccionar la opción del menú "Compile" y vemos que nos permite seleccionar el hacer el fichero .exe con el mismo nombre del proyecto que hemos creado.

Por fin, podemos seleccionar del menú la opción "Project" y del desplegable la opción "Close", con lo que tendremos guardado nuestro fichero .prj que guarda la información para la creación de nuestro .exe a partir de varios archivos fuente.

Como se ve en las otras opciones que hay en el menú "Project", también se puede eliminar de la lista de archivos del proyecto aquel que esté seleccionado, pulsando la tecla "Del".

Para el problema que enunciamos al principio, (de hacer accesible una variable declarada en un fichero .c en otro fichero, siendo la misma variable) la solución está en usar la palabra clave "extern". El proceso sería el siguiente: en un archivo declaramos una variable, global, de forma que luego queremos que sea visible en otro. Para ello, en el otro archivo declaramos también globalmente (o sea fuera de cualquier función del archivo) la misma variable, pero poniendo delante de la declaración la palabra clave extern. Con esto se le dice al compilador que no reserve memoria para esta variable en este archivo .c, ya que está declarado en otro. Será responsabilidad del enlazador (linker) el hacer que el uso que se haga en todos los módulos de esa variable corresponda a la única y misma variable definida en el primer archivo fuente.

Queda fuera del alcance de este libro el explicar como usar librerías compiladas (archivos .lib), de otros fabricantes o programadores o nuestras. Estas librerías .lib ya compiladas contienen funciones de utilidades para que las empleemos en nuestros programas, pero sin poder acceder a su código fuente. Tampoco vamos a explicar aquí como se generan estos archivos .lib y se hacen públicas sus funciones para otros programadores.

También queda fuera del nivel del libro la generación de programas con librerías dinámicas que se cargan en tiempo de ejecución con funciones que cuando son usadas es cuando se cargan esos módulos.

Tampoco se ve la programación en C++, que queda para un siguiente trabajo. Ni el uso de librerías comerciales de C++ para la programación de clases, como las MFC de Microsoft. La programación para sistemas operativos Windows de Mircrosoft solo se ha de abordar cuando todo lo anterior ha sido estudiado, y así conseguir el disfrute y el éxito para el estudiante.

SEVILLA NOVIEMBRE DE 2006
Enrique Espejo González

21 INDICE

V

W

Domina C

www.ingramcontent.com/pod-product-compliance
Lightning Source LLC
LaVergne TN
LVHW042337060326
832902LV00006B/224